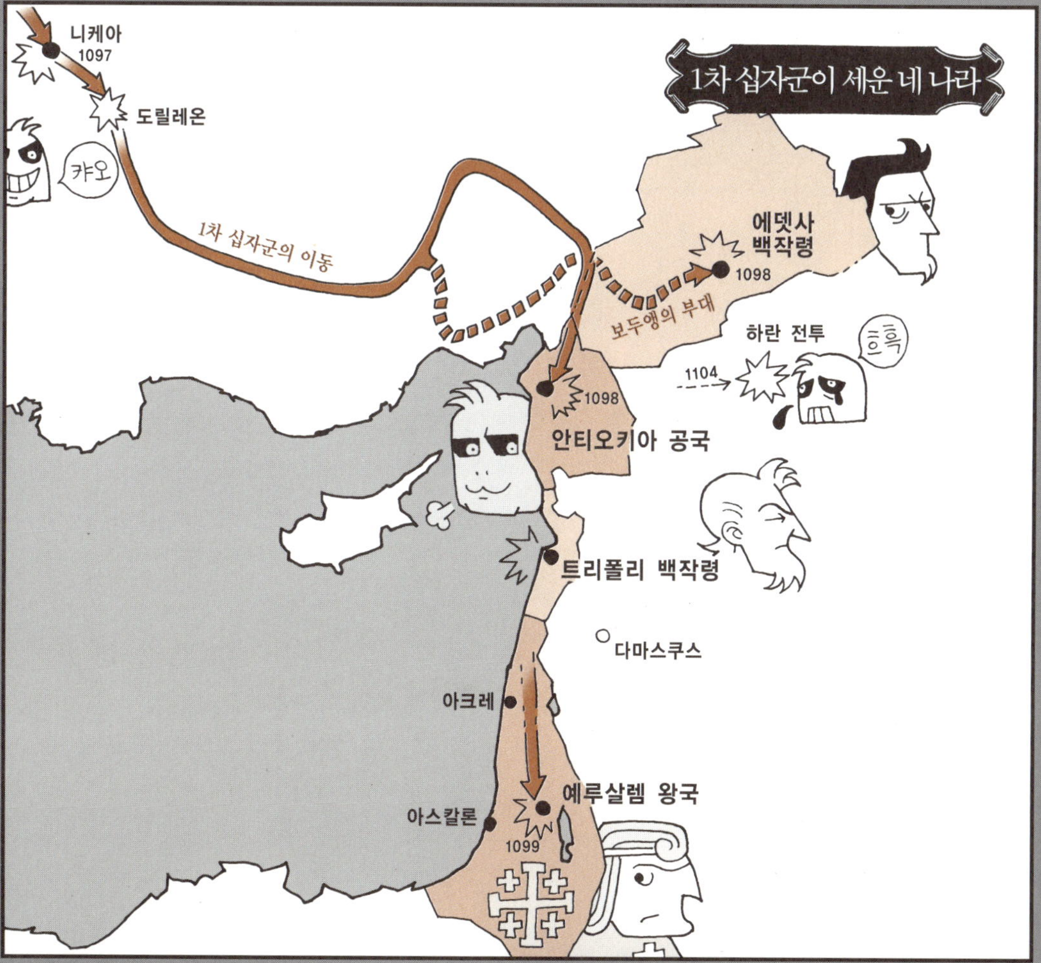

김태권의 십자군 이야기
de Expeditione Sacra

1차 십자군과 보에몽

김태권의 십자군 이야기 ❷
1차 십자군과 보에몽

글·그림 | 김태권

개정판 1쇄 발행일 2011년 7월 8일
개정판 4쇄 발행일 2013년 9월 6일

발행인 | 한상준
기획 | 임병희, 박민지
편집 | 김민정
디자인 | 나윤영, 김경희, 김경년
마케팅 | 박신용
종이 | 화인페이퍼
출력 | 경운출력
인쇄·제본 | 영신사

발행처 | 비아북(ViaBook Publisher)
출판등록 | 제313-2007-218호(2007년 11월 2일)
주소 | 서울시 마포구 연남동 567-40 2층
전화 | 02-334-6123 팩스 | 02-334-6126 전자우편 | crm@viabook.kr

ⓒ 김태권, 2011
ISBN 978-89-93642-34-6 07900
      978-89-93642-32-2 (세트)

• 이 책은 저작권법에 따라 보호받는 저작물이므로 무단 전재와 복제를 금합니다.
• 이 책의 전부 혹은 일부를 이용하려면 저작권자와 비아북의 동의를 받아야 합니다.
• 이 도서의 국립중앙도서관 출판시도서목록(CIP)은 e-CIP홈페이지(http://www.nl.go.kr/ecip)와
  국가자료공동목록시스템(http://www.nl.go.kr/kolisnet)에서 이용하실 수 있습니다. (CIP 제어번호 : CIP2011002522)
• 잘못된 책은 바꿔드립니다.

김태권의 십자군 이야기
de Expeditione Sacra

1차 십자군과 보에몽

비아북
ViaBook Publisher

추천의 글

빵빵한 지식, 뛰어난 유머! 지식만화의 새 지평을 열다

2003년 가을, 김태권 작가의 《십자군 이야기》를 읽고 추천사를 썼었다. 당시 슬쩍 본 것만으로도 흥미가 당겨 이번 단락만, 이번 이야기만 하다가, 이럴 수가! 그만 끝까지, 그것도 단숨에 봤던 기억이 생생하다. 그림도 간결한 것이 참신하고 특히 내용이 역사 공부를 여간 한 것이 아닌데, 그것을 잘 소화해내고 있을 뿐 아니라 오늘의 우리 현실을 같이 담아두어 정말 리얼하게 다가오면서도 심심하지 않도록 짭짤한 유머를 섞어놓아 손을 놓지 못하게 만드는 게 아닌가.
부끄러운 이야기지만 나는 십자군전쟁에 관해서 상세한 지식을 갖고 있지 못했다. 보통 상식으로 알고 있는 그런 수준이었다. 그런데 이 책을 읽고 내 자신이 이 부분에서 빵빵해지는 느낌을 받았다. 그것도 아주 짧은 시간에!
세상에 만화가 아니면 어떻게 이런 정보를 즐겁고 명료하게 얻을 수 있을까? 이것이 바로 만화의 힘이 아니던가! 물론 이렇게 쉽고 재미있게 전달하기까지는 저자의 각고의 노력과 공부, 그리고 첨예한 시대 의식과 뛰어난 유머 센스가 있었기에 가능한 것이리라.
이 만화는 재미있으면서도 수준이 있다. 많은 독자들이 이 만화를 보고 지식을 쌓고 시대를 통찰하는 즐거움을 만끽하리라 확신한다. 물론 내가 그랬고, 첫 권이 나올 때 고등학생이었던 내 아들에게도 유용한 교양서였기 때문이다. 2권까지 출간하고 절판이 되었다는 사실을 알고 아쉬웠는데 다시 새롭게 개정판을 출간한다니 오랜 지기를 만난 듯 몹시 반갑다.

박재동(만화가)

야만적 역사를 고발한다

《십자군 이야기》는 중세에 일어났던 어떤 야만적인 사건에 대한 고발이다. 십자가의 이름으로 행해진 침략 전쟁은 당시 지배층의 정치적 야욕, 기사계급의 물질적 욕구, 순진한 민중들의 헛된 기대가 한데 모여 일어난, 거대한 집단적 리비도의 폭발이었다. 중세 특유의 종교적 광신은 이 세속적 욕망의 분출을 더 격렬하고, 더 집요하게 만들었다. 이 책은 그 어처구니없는 역사의 한 페이지를 다시 우리의 '기억' 속에 불러들인다.

이게 단지 '기억'에 불과할까? 예나 지금이나 원래 전쟁을 할 성스런 '이유' 따위는 존재하지 않는다. 다만 전쟁을 할 세속적 '필요'가 있을 뿐이다. 그리하여 이 어처구니없는 역사가 지금 이 시대에 다시 한 번 반복되고 있다. 이라크 전쟁은 중세의 십자군전쟁을 닮았다. 특히 이 전쟁을 일으킨 자들의 사고방식은 중세 십자군들의 그것과 놀랍도록 유사하다. 이 책은 이렇게 역사의 기억을 조직하여 현재를 고발한다.

톡톡 튀는 작가의 위트와 함께, 이 책의 또 다른 매력을 이루는 것은 로마네스크 양식의 그림체다. 역사만담꾼 김태권은 중세인의 모습을 그들이 그리던 그 방식으로 묘사한다. 이로써 중세인들은 책 속에서 스스로 자신을 연출하게 된다. 역사 이야기를 다룬 수많은 그림책이나 만화책 들 중에서 유독 이 책에 내 눈이 머무는 것은, 형식을 그저 내용을 전달하는 도구로만 간주하지 않는, 작가의 이 세련된 양식적 감각 때문이리라.

진중권(문화평론가)

작가의 말

우리 이웃을 보는 우리의 시선 —2권 개정판에 부쳐

개정판 작업을 하며 《십자군 이야기》 2권의 초판을 다시 읽었습니다. 2005년 여름에 저는 오수연 작가님의 책 《아부 알리, 죽지 마》를 인용하며 다음과 같이 썼더군요.

> 우리는 주로 서구의 눈을 통해서만 '중동'을 바라보고 있는 건 아닌지. '중동'을 아우른 제3세계를 얕잡아보는 시각은 또한 과거 한때 우리가 따갑게 느껴야 했던 그 시선이다. 그러므로 우리가 우리 이웃 민족을 깎아내리면 깎아내릴수록, 우리 스스로도 자긍심을 가질 수 없다. "왜냐하면 오리엔탈리즘에 따르면 동양은 아무리 서양을 추종해도 결코 서양이 될 수 없고, 서양을 모방한다는 그 이유 때문에 점점 더 주체적이라는 서양에서 멀어지기 때문이다. (…) 민족주의 같지만 그것은 우리를 점령했던 제국주의가 우리에게 채워놓은 재갈, 오리엔탈리즘이다." 요컨대 "우리가 그들의 시각을 가지는 한 우리 자신을 경멸하지 않을 수가 없다(오수연)." 그러므로 우리 스스로의 세상 보는 눈을 가지기 위해, 우선 우리는 우리 이웃이 세상을 보는 방식을 배워야 한다.

이 글을 쓴 지도 여러 해가 지났지요. '우리 이웃'을 보는 한국 사회의 시선은 많이 달라졌을까요? 어떤 부분은 편견이 사라졌지만 어떤 부분은 왜곡이 더 심해진 듯합니다. 그러는 사이 '중동'을 포함하여 아시아의 수많은 이웃들이 이주 노동자로서 결혼 이민자로서 우리 사회의 한 축이 되었어요. 이들 가운데 적지 않은 분이 무슬림이고요. 여러 해 전 서문에 썼던 '우리 이웃'이라는 말은 생생한 의미로 다가옵니다.

앞으로 한국 사회는 어떻게 될까요. 다양한 사람들이 서로의 문화를 존중하며 어울려 살게 될까요? 아니면 동화(assimilation)와 이화(dissimilation)라는 해묵은 논쟁을 반복하며 서로의 마음에 못을 박게 될까요? 가끔 걱정스러울 때도 있지만, 물론 저는 어울려 사는 사회가 되기를 희망합니다. 저 혼자 꾸는 꿈은 아닐 거예요.《김태권의 십자군 이야기》가 그런 꿈에 조금이나마 보탬이 되면 좋겠습니다.

2011년 늦봄, 김태권

| 일러두기 |

처음 책이 나올 때 《아랍인의 눈으로 본 십자군 전쟁》(김미선 옮김, 이희수 감수)의 표기에 맞춰 외국어 발음을 우리말로 옮겼다. 그로부터 여러 해가 지나면서 외국어를 표기하는 관행도 조금씩 바뀌는 듯. 이 분위기를 반영하여 새롭게 표기 원칙을 잡아본다.

1. 서유럽 인물은 되도록 출신 지역 또는 활동한 지역을 확인하여 그 지역의 표기를 따르도록 노력했다 : 기사 르노→기사 라이날드. 단, 연대기 작가의 이름은 라틴어 표기를 살려 적었다 : 아헨의 알베르투스, 샤르트르의 풀케르
2. 로마 교황청에서 활동한 인물의 경우 이탈리아어 표기를 택할까 망설였지만, 아직 일반적이지는 않은 듯하여, 이전 책대로 라틴어 표기를 따랐다 : 우르바누스 교황, 마틸다 백작
3. 고대 그리스어 발음에 따라 표기하던 동로마 제국의 인명과 지명은, 중세 그리스어 발음을 살려 적었다 : 알렉세이오스 콤네노스→알렉시오스 콤니노스, 안나 콤네나→안나 콤니니, 도륄라이온→도릴레온
4. 고대 중근동의 인명 역시 현지어 표기로 변경할까 고민하였으나 전처럼 고대 그리스어 표기를 따랐다. 이 인물들이 헤로도토스의 《역사》를 통해 우리에게 익숙하기 때문이다. 단, 고대 그리스어 모음 '입실론'의 경우 초판에서 'ㅟ'로 쓰던 것을 요즘 표기 추세에 따라 'ㅣ'로 바꾸었다. : 퀴로스→키로스, 캄뷔세스→캄비세스
5. 투르크 인명은 터키어 표기 세칙이 없어서 국립국어원 외래어 표기 일반 원칙 및 터키어 용례를 따랐다 : 클르츠 아르슬란→킬리치 아르슬란
6. 아랍어 표기에서 자음 '까프(q)'는 'ㄲ'로 표기하였다 : 쿠란→꾸란. '꾸란'의 경우 성문파열음을 살려 '꾸르안'으로 적자는 의견도 있지만(정수일), 아직 일반적이지는 않은 듯하다.
7. 중복된 자음은 살려 표기하였다. : 무함마드, 압바스
8. 관행으로 굳은 인명과 지명은 이미 널리 통하는 발음에 따랐다. : 아사신, 누레딘, 살라딘

김태권의 십자군 이야기 1차 십자군과 보에몽

추천의 글 빵빵한 지식, 뛰어난 유머! 지식만화의 새 지평을 열다 —박재동 _ 4
야만적 역사를 고발한다 —진중권 _ 5
작가의 말 우리 이웃을 보는 우리의 시선 —2권 개정판에 부쳐 _ 6

들어가며 이슬람 이전의 '중동'
1장 옛 이란의 영광 _ 13
2장 알렉산드로스의 후계자들 _ 31
3장 이란과 로마의 대결 _ 45

2 1차 십자군과 보에몽
1장 보에몽이 온다! _ 62
2장 안티오키아 공방전 _ 128
3장 롱기누스의 창 _ 180
4장 예루살렘, 예루살렘! _ 238

고전 읽기 힘은 곧 정의인가 _ 300

연표 _ 318
도움을 받은 책 _ 325

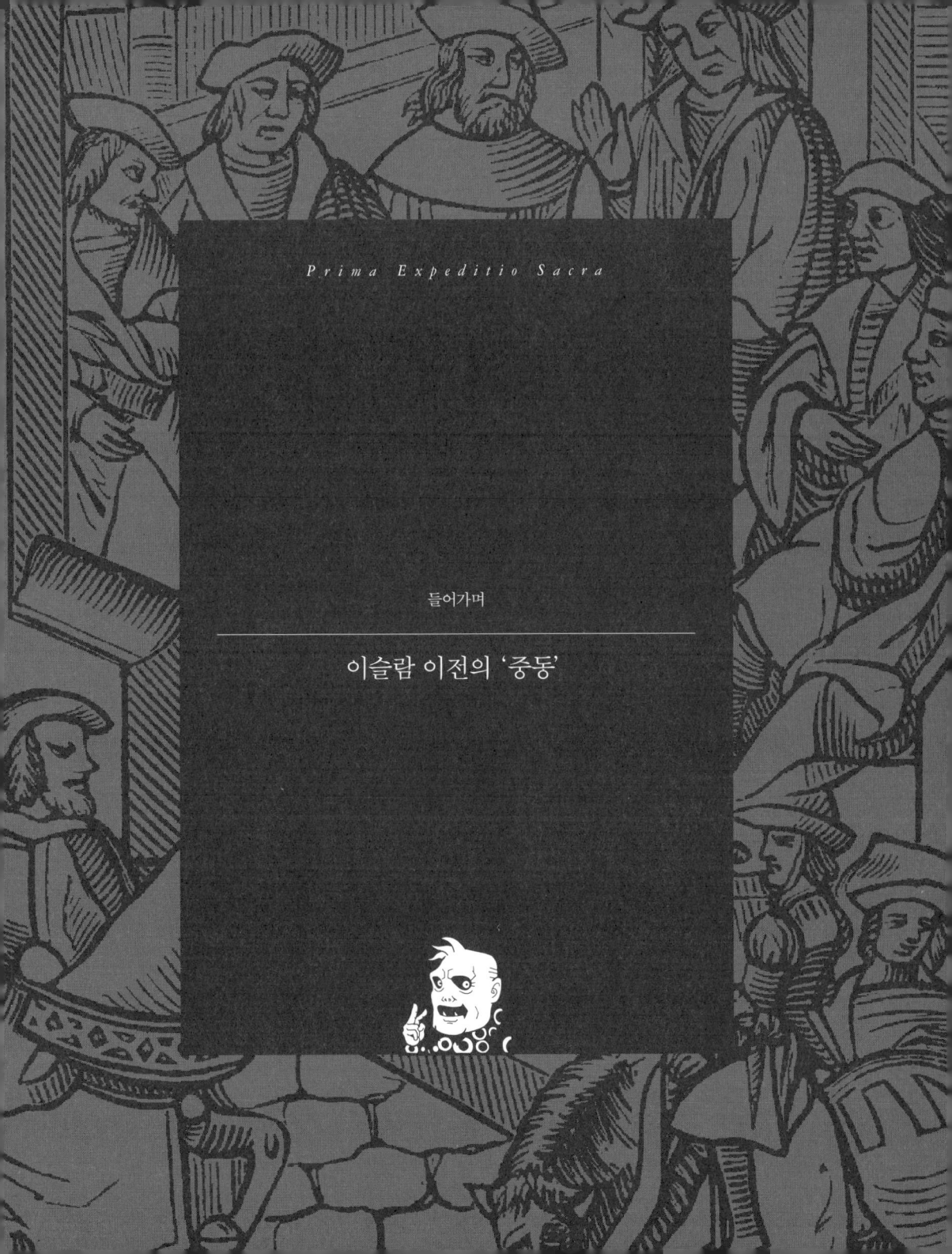

Prima Expeditio Sacra

들어가며

이슬람 이전의 '중동'

1장 옛 이란의 영광

이렇게 하여 등장한 것이 그 악명 높은 **백인문명설**이다.

인종주의적 논리를 강화하기 위한 노력이, 미국에서 1840년대 이후 뚜렷하게 나타났다. (…) 그들의 주된 관심사는 아프리카에서 발달한 문명이 흑인들의 문명이 아니라고 주장하는 것이었다.

훗! 우리 백인이 와서 문명을 가르쳐준 것이 틀림없어!

모튼은 이집트 두개골 연구를 통해 고대 이집트의 지배계급이 백인으로 이루어졌다고 주장했다.

흑인들은 (그때도) 지금이나 마찬가지로 하인이나 노예였다.

…라고 주장함으로써,

흑인 노예를 갖는 백인 사회의 원형을 이집트에서 만들어냈던 것이다.

말도 안 돼!

어떤 양반은 숫제 한술 더 떠서…

이집트 문명이 쇠퇴한 원인이 (…) 인종 혼합 때문이라고 말했다. 백인이 이집트 문명을 건설하였으나

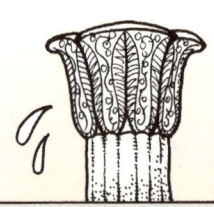

그 뒤의 인종 혼합이 그것을 질적으로 저하시켰고, 결국 쇠망하게 하였다는 것이다.

현재의 인종적 혼합이 제거되기 전에 이집트 문명은 다시 일어설 수 없다.

― 강철구, '서양문명과 인종주의', 《서양문명과 인종주의》中

백인종족의 순수성을 지켜내야 해!

흥! 히틀러와 똑같은 논리구려!

한편 고대 문명의 주역이 실은 **외계인**이라는 주장도,

한때 호사가의 귀를 솔깃하게 만들었지만…

실은 여기에도 유색인종을 얕보는 시각이 배어 있다고 한다!

(이 주장에) 나타나는 한 가지 패턴은 비유럽계 고대인들이 유적을 스스로 건설할 능력이 없었다는 주장이다.

고고학자 켄 페더 교수는 외계인이 개입했다는 사례 51건 가운데 단 두 건만이 유럽 지역이라는 사실을 발견했다.

(외계인 가설 역시) 무의식 중에 인종차별의 우를 범하고 있다. (…) 고대의 외계인 방문설은 모두 일관된 인종차별주의에 불과하다.

― 피터 제임스, 닉 소프

뭣이? 백인도 외계인도 아틀란티스 사람도 아니라면,

대체 저 찬란한 문명은 누구의 작품인고?

어허! 그야 물론…

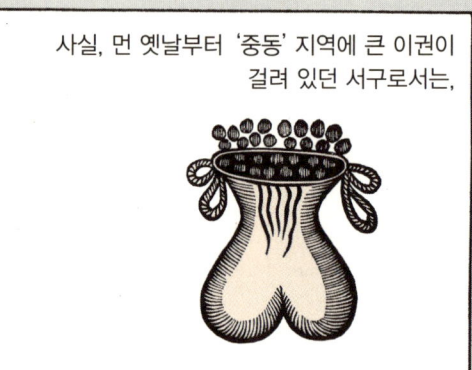

아무튼 이런 터무니없는 주장들이, 왜 자꾸 잊을 만하면 다시 등장하여 우리를 괴롭히는 것일까?

평소에는 양심적인 지식인들의 목소리에 귀를 기울이다가도…

장 폴 사르트르

가끔씩은 식민 지배를 정당화하고 싶은 유혹에 시달리나 보다.

그러니 '중동'을 보는 서구의 시각을 늘 믿을 수 있는 것만도 아니다.

서방을 통해 '중동'을 바라보는 우리 역시, 이러한 함정에서 자유롭지 않다!

편식만 하면 위험천만!

※이집트의 탄생의 여신 타우에레트

지나치게 비판적이기만 한 서구 언론을 통해 중동을 접해온 우리로서는 굴절된 시각으로 중동을 잘못 인식하고 있는 경우가 많다. 서방이 보는 중동에 대한 이미지에는 종교적, 정치적, 문화적인 오해와 편견의 층이 겹겹이 두껍게 쌓여 있다.

— 손주영

특히 오랜 역사를 자랑하는 **이란**(페르시아)에 대해

서방은 종종 악역을 맡겨왔는데,

이는 두말할 필요도 없이 편향된 시각이다.

억울해.

'나쁜' 페르시아라는 편견은 (…) 오늘날에도 서양과 동양을 이런 도식으로 나누는 서구인들의 의식 속에 그대로 남아 있다. 예나 지금이나 일방적인 서술은 선전 목적으로 이용되어 왔지만 (…) 기실 모두 지도자들 자신의 정치적 이익을 위하는 일이었다.

— 한스 크리스티안 후프 外, 《임페리움》

잃어버린 이름

우리에게 익숙한 '중동' '이집트' '메소포타미아' 등의 이름은, 원래 그들 스스로가 부르던 이름이 아니라, 서구에서 자기들 편한 대로 지어 부른 것이라 한다. 심지어 '이집트'의 어원인 그리스말 '아이깁토스'는 그 원래 뜻조차 확실하지 않다. 오늘날 이집트는 스스로를 '미스르(마스르)'라 부르고 있다. 이러한 사정은 '메소포타미아'와 '이집트'를 통일한 것으로 유명한 '페르시아' 제국에 있어서도 마찬가지.

"엄격히 말하면 페르시아(Persia)는 한 국가의 이름은 아니었다. (…) 페르시아인들은 한 번도 나라 이름으로 그 단어를 사용해본 적이 없었다. (…) 페르시아인들에 의해서 항상 사용되었던 (…) 이름은 '이란'이었다(버나드 루이스 Bernard Lewis)." 그러므로 이 책에서는, 되도록 '이란'이라는 원래의 이름을 사용하고자 한다.

옛 이스라엘 사람들은 **'기름 부은 자(메시아)'** 의 출현을 반갑게 맞이하였다는 사실은 잘 알려져 있다. 그런데…

이란의 황제도 그중의 한 명이라는 사실은 잘 알려지지 않았다!

야훼께서 당신이 **기름 부어 세우신 고레스**에게 말씀하신다.
"내가 너의 오른손을 잡아주어 만백성을 네 앞에 굴복시키고 제왕들을 무장 해제시키리라. 네 앞에 성문을 활짝 열어젖혀 다시는 닫히지 않게 하리라. (…) 내가 뽑아 세운 이스라엘을 도우라고 나는 너를 지명하여 불렀다. 나를 알지도 못하는 너에게 이 작위를 내렸다."
— 이사야서 45 : 1, 45 : 4

이사야서에 등장하는 바로 이 **'페르시아의 고레스'** 가

이란의 황제 **쿠루시**이며,

고레스는 바빌론에 붙들려 간 우리들 이스라엘 민족을 구원해주었어요!

히브리 성서에서는 키로스(고레스)에게 (…) 유대인 통치자에게도 좀처럼 부여하지 않았던 각별한 존경을 표하고 있다.
— 버나드 루이스

역사에 이름 높은 **키로스 대왕**이다!

이란의 황제 키로스 2세!

이란 사람들은 오늘날까지 자신들을 키로스 대왕의 후손으로 여기고 있고, 그의 즉위를 페르시아 제국의 시발점으로 본다.

— 김정위

그는 이란 제국을 건설했고,

한국사에서 단군왕검과 비슷하지요.

이란의 영토를 크게 넓혔으며,

동시에 광개토대왕 이고요!

무엇보다 그 관용적인 정책으로 이름을 남긴 양반이다.

키로스는 과연 많은 일화를 남겼던 바…

키로스가 이끄는 **이란 제국**이 무서운 성장을 거듭하자,

이를 지켜보던 이웃 나라 리디아의 크로이소스 왕은 불안한 마음에

이란에 선제공격이라도 해야 하는 것 아닌가?

신탁의 자문을 구하기로 하는데!

서기전 539년,
바빌로니아 제국을 정복한다.

키로스는 (…) 정복자로서보다 바빌론 문화의 계승자로서 통치했다.
— 김정위

이라크 남부에 억류되어 있던 **이스라엘** 사람들을 해방시킨 것도 이때의 일이거니와…

이 일이 계기가 되어

이란과 이스라엘은 이후 살가운 우방을 맺었던 바,

이스라엘 / 이란

제 몫을 요구할 때는 그렇게나 고대사에 목숨을 거는 이스라엘이

엥? / 팔레스타인 땅은 원래 우리 땅이야!

오늘날 서방을 거들어 이란을 압박하는 모습은

얄궂다 못해 생뚱맞기까지 하다!
아무튼,

쯥

딕 체니 미 부통령은 (…) '이스라엘은 이란에 대한 선제공격을 감행할 수도 있을 것'이라 경고하였다.
— 〈한겨레〉, 2005. 1. 22.

이래저래 역사에 좋은 이름을 남긴 키로스!
그러나…

그 뒤를 이은 **캄비세스**는

— 헤로도토스, 《역사》 제3권

오늘날 **어떤 사람**도, 이 오래된 충고에 귀를 기울이면 좋으련만.

외신에 따르면 미 국방부는 '꾸란 모독 행위'가 자행된 것으로 밝혀졌던 쿠바 관타나모 기지에서 미군들이 꾸란을 고의로 발로 차고 외설스런 말을 적기도 했다고 확인했다.
— 〈프레시안〉, 2005. 6. 4.

이렇듯 모질던 캄비세스도

어처구니없는 사고가 일어나,
아차! 칼을 떨어뜨렸어!

부질없이 목숨을 잃고 말았으니
이럴 수가! 내 칼에 내가 찔리다니!

이 사건을 두고 이집트에서 온갖 괴담이 난무한 것은 당연한 노릇! 아무튼…

뒤를 이은 **다레이오스**가 결국 관용 정책을 부활시켰으니

이란은 최고의 번영을 맞이한다!

페르세폴리스 유적의 돋을새김

이란의 수도 페르세폴리스는 태양 아래 가장 부유한 도시였다. 백성들이 사는 민가에도 세월 따라 없는 것이 없었다.
— 고대 그리스의 역사가 디오도로스 시켈로스

이렇듯 키로스와 다레이오스의 관용은 당시 보기 드문 것이었지만,

키로스 2세와 다레이오스 1세는 예속 종족에게 그들의 종교와 관습, 상업 활동 등은 물론 심지어 그들의 고유한 자치 정부까지 어느 정도 허용하는 획기적 정책을 펼치기도 했다.

— 김정위

그런 그들도 전쟁의 악순환에서 자유로울 순 없었으니

훗! 우리는 정복 후 관용을 베푼다오!

쩝! 정복을 아예 안 하시면 어떨까요?

1권에도 나온 이야기이지만,

폭력으로 문제를 해결하기 시작하면 끝이 없는 법!

키로스가 목숨을 잃은 것도 이러한 전란의 와중이었거니와…

흐흑!

맛사게타이의 여왕 토미리스는 키로스의 유해를 능욕하며 이렇게 말하였다.

키로스여! 약속대로 그대에게 피를 포식케 해주겠소!

— 헤로도토스, 《역사》 제1권

마침내 이란 제국은 이웃이자 라이벌이었던 **그리스**와

기나긴 **전쟁의 늪**에 빠져,

영영 헤어나오지 못하였는데!

26 † 김태권의 십자군 이야기 ❷

예상을 뒤엎고 아테네의 보병대는 **마라톤 평원**에서 **이란 육군을 격퇴**한다! (마라톤 전투)

그러나 그 아들 크세르크세스가 다시 그리스를 침공하여

테르모필라이 전투에서 스파르타 왕과 결사대를 전멸시키고,

아테네 시가지에 불을 지른다!

사르디스의 복수다!

하지만 **살라미스 해전**에서 그리스 연합 해군은 이란 군이 더 이상 진격하는 것을 저지하고 말았으매…

이란과 그리스, 사이가 좋지만은 않았던 '이웃사촌'

이른바 '페르시아 전쟁'의 실상은 무엇인가? '자유와 평화를 사랑하는 그리스 사람들이, 악독한 침략자 페르시아를 물리쳤다(288쪽 참조)'는 신화가 오늘날 널리 퍼져 있지만, 당시 그리스 사람들조차도 그렇게는 생각하지 않았다. 심지어 전란의 시기에도 그리스와 이란 사이의 교류는 지속되었으니, 이란의 고관들이 그리스에 넘어오는 경우도 잦았고, 거꾸로 그리스의 '전쟁 영웅'들이 이란에 망명하는 일도 종종 있었다. 심지어 "값진 페르시아의 은화를 벌려고(김정위)" 이란 군대의 용병에 지원하는 그리스 사람도 끊이지 않았던 것이다. 과연 여기에서 이른바 '문명 충돌'을 찾을 수 있을까? "냉전이 끝나자마자 (…) 약삭빠른 냉전주의자인 헌팅턴이 (…) 문명 충돌이라는 이름으로 다시 인종주의라는 해묵은 의제를 끌어다가 아시아인들과의 신냉전을 주장하고 있는 셈이다(강철구)."

그리스 측은 승리를 주장할 만도 했다!

승리를 기념하여 파르테논 신전을 지었어요!

그러나 당시 이란 정부의 공식 입장은 이와는 달랐으니,

마라톤 사건은 사소한 실패였으며, 크세르크세스는 테르모필라이에서 승리하고 아테네를 응징한 후 개선하였다는 것이다!

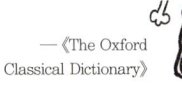

— 《The Oxford Classical Dictionary》

약 오른 그리스는 이집트인들의 독립 전쟁을 지원하였으며

이에 질세라 이란은 펠로폰네소스전쟁에 개입하고 나섰던 바,

지중해 동쪽 세계에서 전쟁의 소용돌이는 한동안 멈추지 않았거니와…

그리스에서는 스파르타와 아테네 간의 펠로폰네소스전쟁이 장기간 계속되었다. 이 전쟁에서 이란 사람들은 처음엔 아테네와 협력 관계를 유지했으나, 후에는 스파르타와 가까워졌다. 결국 서기전 404년 이란의 지원을 받은 스파르타의 막강한 병력은 아테네를 몰락시켰다.

— 김정위

그러나 **최후의 승자**는 엉뚱하게도

친구 장군들과 어울려 술 마시기를 좋아하던 마케도니아의 젊은 군주, **알렉산드로스**였으니!

다음은 **그의 후계자들** 이야기.

2장 알렉산드로스의 후계자들

이란의 대시인 **니자미**가 들려주는, 옛날이야기 한 토막!

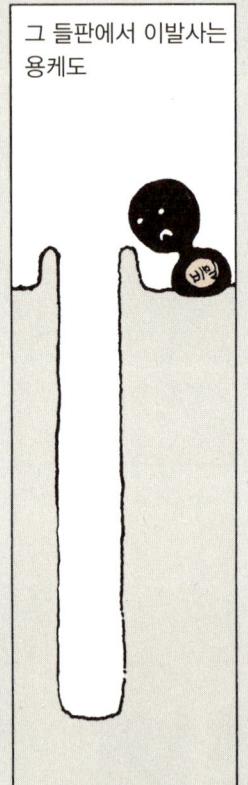

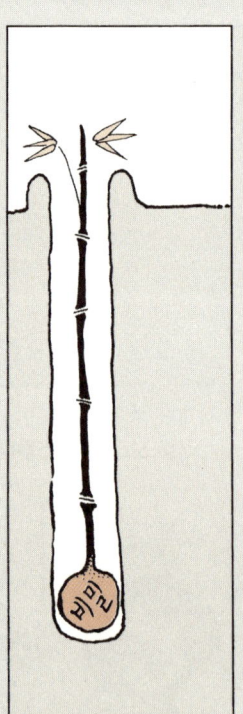

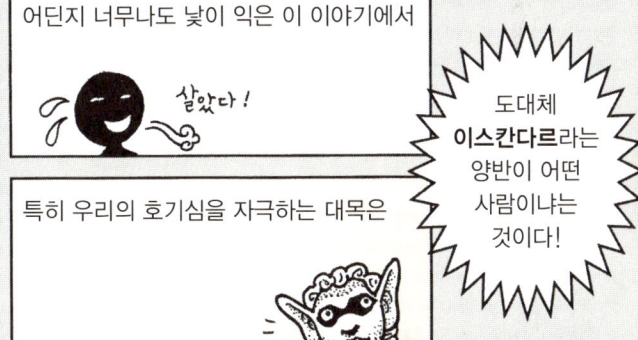

어느 누구에게도 비밀을 강제로 지키게 할 수는 없으며, 결국에 비밀이란 모두 드러나게 된다는 것을 깨달았기 때문에, 그는 이발사를 용서해준다.

— 베스타 S. 커티스

이스칸다르와 신라 경문왕의 귀

이스칸다르의 귀에 관한 이 이야기는 우리에게 매우 익숙하다. 이는 사실 다름 아닌 신라 경문왕 설화이기 때문이다. 어떤 사연으로 이란 서사시 《이스칸다르나메》와 우리 역사서 《삼국유사》에 같은 이야기가 실려 있는 것일까? 아마도 그것은 당시 활발했던 문화 교류 때문일지도 모른다. "한국과 이슬람 지역과의 역사적 관계는 7세기경으로 올라간다. (…) 아랍의 지리학자 앗 디마시끼는 신라에 이주한 무슬림에 대하여 '알리파(시아파)들은 아랍의 우마이야 왕조로 쫓겨 신라로 도망하였다'고 적고 있다. (…) 실제로 신라에 온 무슬림들 중 페르시아인(이란인)들이 상당수에 이르렀음을 짐작할 수 있다(신규섭)." 한편 이 비슷한 이야기가 한반도와 이란뿐 아니라 아시아의 다른 여러 지역에서도 심심치 않게 발견된다고 하니《민족문화대백과사전》, 옛날 유라시아 세계의 여러 민족들은 오늘날 우리가 생각하는 것보다 어쩌면 훨씬 더 가까운 이웃이었을지도 모른다!

이스칸다르의 정체는 바로 정복자 알렉산드로스이니,

안녕하세요! 알렉산더 대왕 이라는 이름은 영어식 표현이지요!

그가 하필 긴 귀를 가졌다고 전해지는 사연도 궁금하거니와

진짜로 그렇게 생겼던 게 아닐까요?

예끼, 이 사람아!

누굴 부시 나귀로 아나?

특히 그를 **이란의 황제**라 지칭한 것도 흥미롭다!

알렉산드로스는 스스로 아케메네스 왕조를 계승한 세력, 즉 다레이오스의 후계자로 자처하였다. 이란 사서(史書)에는 이 현상을 **오랑캐 알렉산드로스가 이란 황제로 등극하였다**고 기록하고 있다.

— 김정위

실로 **알렉산드로스**는 '중동' 전역에서 인기를 누렸던 바

후훗! 이 몸이 워낙 국제적 인물이다 보니!

으음… 뭐, 그것도 전혀 근거 없는 이야기는 아니지만.

여기에는 **후계자들의 경쟁**이 얄궂게 한몫한 것도 사실이다!

서기전 323년! 대왕이 갑자기 숨을 거두자…

알렉산드로스를 둘러싼 신화는, 10년 전 황야로 도망간 마지막 파라오인 넥타네보 2세를 알렉산드로스의 '많은' 아버지들 중 하나로 만들었다.

— 만프레드 클라우스

그의 후계자들(디아도코이 diadochoi)에게 알렉산드로스는 자연스럽게 **수호용 부적** 기능을 했다. (…) 프톨레마이오스는 운반 중이던 알렉산드로스의 황금 석관을 가로채 이집트에 옮겼다.

— 나이즐 스피비

이에 질세라 다른 장군들도 똑같이 행동했고,

아무튼 이런 사연으로…

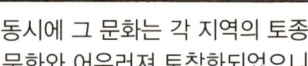

바로 **헬레니즘 문화** 였다.

그리스 문화 (마케도니아) → 이집트화 메소포타미아화

이스칸다르, 즉 알렉산드로스 대왕이 길쭉한 귀를 얻은 사연 역시 이렇게 설명할 수 있으리라.

그리스(마케도니아)에서 '중동'에 온 후임 정복자들은 원조 정복자인 알렉산드로스를 신으로 모시는 정책을 채택하였던 바,

이집트에서 알렉산드로스는 양(羊)의 뿔을 단 모습으로 숭배되었다. 얄궂게도 메소포타미아에서 역시 신성(神性)의 상징은 뿔이었다고 한다!

후세 사람들에게 뿔과 큰 귀는 별로 다르지 않았을 것이다(베스타 S. 커티스).

시작이 어떻든, **'이스칸다르의 귀'**에 당시 지중해 세계의 문화가 한데 모인 셈이다!

세계의 문화가 **하나로 어우러지는** 것, 그것이 바로 **알렉산드로스** 대왕의 이념!

그러나 그런 이상(理想)을 우격다짐으로야 실현할 수 없는 노릇이니…

들어가며 | 이슬람 이전의 '중동' † 37

> 셀레우코스 1세와 2의 후계자들은 그리스인들이 더 우수한 종족이며 더 우월한 문명을 지니고 있다는 확신에서 아시아의 헬레니즘화에 큰 기대를 걸었다. (…) (그러나 이것은) 알렉산드로스 대왕의, 동부 이란 호족과는 유화 정책이 제국의 안정에 필수적이라는 믿음과는 대조적인 것이었다.
>
> — 김정위

헬레니즘인가, 헬레니제이션인가 : 오리엔탈리즘 문제

이른바 '헬레니즘'에 대해, 서구의 시각에 젖어 있는 우리들로서는, 탁월한 그리스 문화가 세계화된 현상으로만 생각하기 쉽다. 그러나 당시 '중동'에 살던 사람들이 보기에도 이 현상이 마냥 즐겁기만 했을까? 또 물이야 높은 곳에서 낮은 곳으로 흐른다지만, 문화도 그런 식으로 일방통행하는 것일까?

오늘날 학자들은 헬레니즘(Hellenism)과 헬레니제이션(Hellenization)을 구별하여 이야기한다. 헬레니제이션이란 용어에는, 알렉산드로스가 그러했던 바, '중동'의 원주민을 그리스화(化)한다는 어감이 있다. "이 말은 문화제국주의를 함축한 단어인 까닭에, 기피해야 할 대상이다. (…) 20세기 후반, 탈식민지주의 이론은 (알렉산드로스의 원정으로 '중동'이 그리스화되었다는) 기존의 단순한 도식에 반기를 들었다(《The Oxford Classical Dictionary》)."

헬레니즘 현상을 모두 억지로 이루어진 헬레니제이션이라고만 볼 수는 없을 것이지만, '중동'의 입장에서 그것은 매우 제한적이었다. "정부의 관직이나 학자 또는 문인 생활을 꿈꾸는 사람들은 그리스어로 교육을 받아 헬레니즘의 영향을 벗어날 수 없었다. (…) 그러나 고등교육에 관심이 없거나 시골에 고립되어 있는 사람들은 (…) 헬레니즘의 영향을 거의 받지 않았다(김정위)."

헬레니즘 현상이 이렇게 재검토되는 데에는, 사실 에드워드 사이드의 공헌이 크다. "비록 사이드의 연구들이 주로 18~20세기에 집중되어 있지만 (…) (오리엔탈리즘에 대한 그의 연구 덕분에) 여러 학자들이 전통적인 가설들을 의식적으로 꼼꼼히 뜯어보게 되었다(《The Oxford Classical Dictionary》)."

에드워드 사이드(1935~2003)

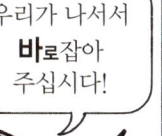

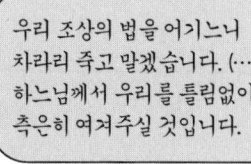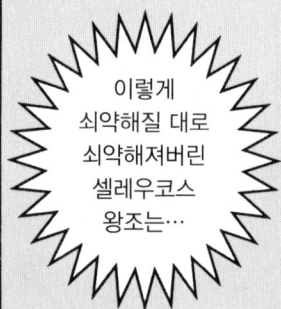

결국 로마의 군벌 폼페이우스에게 멸망당하고 말았다.

'중동'은 이제 우리 로마가 접수한다!

쯧쯧! 그러기에 **관용**이 중요하다고 누누이 일렀건만!

서기전 63년!

이 뉴스는 '중동' 여러 나라에 큰 충격을 주었던 바,

특히 시리아와 국경을 맞댄 이집트는 불안에 휩싸였거니와…

이 어수선한 이집트의 왕실에 한 소녀가 있었으니

그녀가 바로 미래의 **클레오파트라 7세**였다!

클레오파트라 라는군요.

뭣이? 그 유명한 클레오파트라 말인가?

3장 이란과 로마의 대결

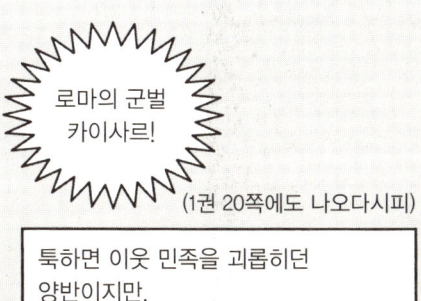

로마의 군벌 카이사르!
(1권 20쪽에도 나오다시피)

툭하면 이웃 민족을 괴롭히던 양반이지만,

어쩐 일인지, 로마의 가난한 민중에게는 인기가 높아서

돈 많은 기득권층에게 큰 미움을 받았거니와…

그는 우리 원로원의 적이야!

서기전 53년, 이란 깊숙이 밀고 들어갔던 로마 군은

화살 세례를 받고, 전투다운 전투도 못 해본 채 전멸하고 말았다!

전사자 2만, 포로 1만, 극소수만이 탈출 성공. **로마 사상 최악의 패배.**

흐흑! 내 이럴 줄 알았다니까!

크랏수스가 죽자 힘의 균형이 깨지고 피투성이 내전이 일어났으니…

주사위는 던져졌다! ALEA IACTA EST!

폼페이우스 군의 기병은 귀한 집 자제들이니, 창을 얼굴에 들이대면 싸우지도 못하고 도망갈 걸세!

싸움에서 크게 이긴 카이사르는 이집트에 도착하여,

폼페이우스의 죽음을 확인하고…

쯧쯧.

클레오파트라 여왕과 염문을 뿌린 후…

히히히.

로마와 이집트를 오가며 새로운 사업을 구상한다!

세상을 뒤흔들 그 사업이란 바로…

아마도 카이사르를 파멸로 이끈 것은 (…) 그의 파르티아(이란) 원정 계획이었을 것이다. (…) 사람들은 전쟁이 길어질 것이고 많은 사람이 죽을 거라고 생각했다. (…) 이 두려운 원정의 발표가 카이사르를 반대하는 사람들의 행동을 결정하는 데 대단히 중요한 역할을 했던 것 같다. 공모자들이 조직된 것은 서기전 44년 초였고, 그 공모의 결과가 3월 15일에 일어난 그 유명한 독재자의 피살이었다는 것은 잘 알려진 사실이다.

— 장노엘 로베르

당시의 증언에 따르면, 그녀의 미모가 그렇게 빼어난 것은 아니었다고 한다.

인구에 회자되는 이른바 '클레오파트라의 코'라는 것도, 실은 까마득한 훗날에 파스칼이 지어낸 이야기일 따름이라고.

흥, 남자들이란!

그녀 매력의 실체는 아마 그 냉철한 지성과 탁월한 정치력에서 찾아야 하리라!

외모보다 실력으로 인정받고 싶다고요!

※클레오파트라 생전에 제작된 은화

전하는 바에 따르면, 클레오파트라는 실제로는 흔히들 생각하듯, 세상에 둘도 없고 그 미모에 놀라지 않을 수 없는 그런 굉장한 미인은 아니었다. 그러나 그녀를 알면 알수록 자꾸 매혹되어 가는 힘을 느끼게 했다. (…) 그녀의 목소리는 마치 여러 줄이 있는 악기처럼, 유창하게 한 나라 말을 하다가도 다른 나라 언어를 구사했다. 따라서 그 여자는 어떤 이어족(異語族)의 사신이 와도 언어를 옮기는 통역이 따로 필요하지 않았다. (…) 그녀는 수많은 민족의 언어를 유창하게 할 수 있었으며, 직접 그들과 회담했다. 이것은 (…) 놀랄 만한 일이었다.

— 플루타르코스

당시의 이집트는 안팎으로 위기를 맞이하고 있었던 바,

당대의 여장부 클레오파트라는 이 난국을 타개하고자

안으로는 아피스 축제에 몸소 참석하는 등 민중의 인기를 끌었고,

캄비세스와는 다른 모습이죠?

밖으로는 로마의 실력자 카이사르에 이어

새로 권력을 잡은 안토니우스까지 구워삶았으니

그 결과 이집트의 독립과 국익을 보장받을 수 있었다.

심지어 서기전 36년에서 서기전 34년까지, 이란 침공에 나섰던 안토니우스가

애꿎은 로마 청년의 수많은 목숨만 잃은 채, 완전히 깨지고 돌아왔을 때에도,

이집트만큼은 도리어 제 나라의 이익을 한껏 챙기었던 바, 클레오파트라 여왕에 이르러…

이집트 프톨레마이오스 왕조는 바야흐로 **제2의 전성기를** 맞이한 것이다!

하지만 일세의 여걸 클레오파트라도 미처 계산에 넣지 못한 것이 있었으니…

그것은 바로 신흥 군벌 **옥타비아누스**의 도전이었다!

'정치 9단' 클레오파트라가 어쩌다가 이런 실수를 저지른 것일까?

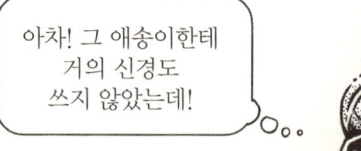

아차! 그 애송이한테 거의 신경도 쓰지 않았는데!

그러나 옥타비아누스에 대해 방심한 것도 무리는 아니었다.

당시 안토니우스의 권세는 실로 대단하였던 바,

로마의 군부는 물론 그를 추종했으며

군인들의 충성심은 대단히 확고하여, 안토니우스를 자기네 목숨보다 소중히 여겼다.
— 플루타르코스

동맹국에서도 눈치를 살폈고

안토니우스 님은 디오니소스 신의 재림이십니다!

아테네 시민들

심지어 반대파도 안토니우스만큼은 인정했다!

포로들은 쇠사슬을 차고 끌려나가게 되자, 안토니우스에게는 '최고 사령관'이라 부르며 경의를 표했지만, 옥타비아누스에게는 입정 사납게 욕설을 퍼부어댔다.
— 수에토니우스

그러므로 정치 신인 옥타비아누스로서는 상황이 좋지 않았다.

이래서야 어떻게 싸움이 되겠어?

그래서 옥타비아누스는 기발한 계책을 고안했으니…

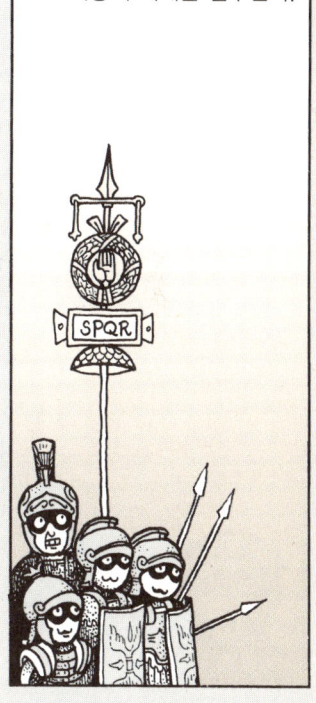

로마 시민은 옥타비아누스의 정교한 여론 조작에 이용당했다. (…) 전쟁이 선포된 대상은 (…) 이방의 여인, 클레오파트라였다. (…) 클레오파트라를 험담하는 악선전이 유포되었다. (…) 이제 동방에 대항하는 서방의 투사, 야만족에 대항하는 로마의 투사로 자처할 수 있게 된 옥타비아누스는, 자신감에 차서 동방으로 돌진했다. (…) 로마인들은 이 전쟁을 '내전'이 아니라 '정당한 전쟁'으로 간주했다. (…) 로마인들에게 이 전쟁은 동방에 대한 서방의 승리(…)였던 것이다.

— 에디트 플라마리옹

그녀가 독사로 자살하였다는 것은 순전히 100% 옥타비아누스 측의 주장일 뿐이다!

클레오파트라가 자살하였다는 공식 발표는 있었지만, 사실 사인(死因)은 사건 당시에도 전혀 밝혀지지 않았다.

> 훗, 그래야 더 마녀처럼 보이지 않겠어요?

클레오파트라의 시체에는 독을 쓴 얼룩이나 증거는 단 하나도 발견되지 않았으며, 클레오파트라가 죽은 탑 속에서도 독사는 발견되지 않았다.

— 플루타르코스

잠깐! 애초에 자살이 맞기나 한 걸까?

> 쉿! 묻지 마! 다쳐!

옥타비아누스 아우구스투스는 (…) 카이사르의 개인적 편지뿐 아니라 안토니우스가 보관하던 서류들까지 모두 불태웠다. 규범화된 공식적 사실 외의 모든 자료들을 없앤 역사 검열자, 범죄자가 승리를 거두었다.

— P. M. 마르탱

아무튼 경쟁자 안토니우스를 제거하고,

'마녀'까지 '퇴치'한 옥타비아누스는

| 숫제 이집트를 로마의 영토로 합병해버렸으니, | 수천 년 역사의 이집트 왕국은 이렇게 종말을 맞고… | 헬레니즘 시대도 막을 내리었건만, |

우방이라던 나라를 집어삼키고도 로마는 아주 살판이 났다!

전쟁에서 이기고 이집트 왕국의 재보를 갖고 돌아오자, 수도에 돈이 남아돌았다. 그 결과 이자가 내려가고, 부동산 가격이 급등하기까지 하였다.

— 수에토니우스

들어가며 | 이슬람 이전의 '중동' † 55

이런 사정을 익히 알고 있었을 로마 사람들로서는

끄응….

↑ 샹플뢰리, 《풍자 예술의 역사》에서

차라리 클레오파트라가 정말 '마녀'라고 믿고 싶었을지도 모를 일이다.

히히히, 전쟁!

WMD*가 있대도 난 믿을 준비가 되어 있어!

클레오파트라가 핵 개발을 한대도 난 믿어버릴 테야!

* WMD : 대량살상무기(Weapons of Mass Destruction). 미국은 이라크, 북한 등의 WMD 보유 가능성을 언급하면서 이라크 침공의 명분으로 삼았다.

전쟁을 일으키는 **숨은 힘**에 대해 다시 한 번 생각게 하는 대목이다!

쳇!

이란과의 거듭되는 전쟁 또한 마찬가지! 이 전쟁에는 막대한 이권이 걸려 있었으니…

아니나 다를까, 옥타비아누스 역시 집권하자마자 **이란 침공**의 여론을 조성하는 것이었다!

당대나 중세의 역사학자들은 이란과 로마 사이의 이러한 전쟁의 주된 이슈를 (…) 영토 문제로 보았다. (그러나) 근대사가들은 영토 요구 이외의 다른 이유들을 발견하고 이를 증명해 보였다. 그중에서도 가장 중요한 것은 (중국과 로마를 잇는) **동서 무역로의 통제**였다.

— 버나드 루이스

과연 로마는 다시 한 번 이란과의 전쟁에 휘말릴 것인가?

웅성웅성…

그러던 어느 날, 놀라운 뉴스를 접한 로마 시민들!

들어가며 | 이슬람 이전의 '중동' † 57

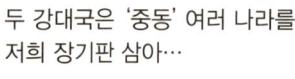

평소엔 우방이라며 살갑게 굴다가도,

여차하면 바로 그 우방을 하루아침에 멸망시켰으니,

로마의 우방이었던 **페트라**, 서기 106년에 로마의 침공으로 멸망.

당시 '중동'의 많은 사람들에게 삶이란 종종 눈물과 탄식으로 가득한 것이었다!

나를 슬픔에서 벗어나게 해주는 것은 흐르는 눈물뿐.

— 6세기의 아랍 시인 이므룰 카이스, 김능우 역

그래서 이 지역에서는 오랜 세월 동안 서러울 일도 적지 않았으되 동시에

'**우승열패**(優勝劣敗)**의 신화**'를 거부하는 위대한 사상들도 틈틈이 발전해왔던 것이니…

특히 그리스도교는 만민평등과 평화의 사상을 퍼뜨렸지요!

수백 년 동안 강대국 틈바구니에서 신음하던, 바로 이곳 **아라비아**에서!

서기 7세기! 이제 또 하나의 위대한 사상이 싹트고 있었다.

3권에 계속!

다음 권은 **이슬람 세계의 역사**!

Prima Expeditio Sacra

②

1차 십자군과 보에몽

1097년   1차 십자군이 도착하여 니케아를 점령하다

1097년~1098년   안티오키아를 둘러싼 엎치락뒤치락 공방전

1098년   십자군 지휘관들의 갈등과 마라트안누만의 학살

1099년~1104년   예루살렘 함락에서 하란 전투까지

1장
보에몽이 온다!

보에몽은 그의 아버지(로베르)를 빼닮았다.
대담함과 강함, 불굴의 정신 등 모든 면에서. 한마디로, 보에몽은
그 아버지의 정확한 모형이자 살아 있는 영상이었다.

본문 73쪽

수수께끼의 인물은 바로…

오랜만에 나타나 콧바람이나 뿜어 젖히는 **은자 피에르**였다!

뭐 잘났다고 도시가 떠나가라 코웃음을 치는 게요?

맞아! 이제 2권에서는 주인공도 아니잖아요!

아직도 1권이 안 끝난 줄 아나 보지?

그러나 시민들의 반응은 그저 냉랭할 따름이었으니,

은자 피에르와 군중십자군의 만행은 시민들의 기억에 아직도 생생했던 것이다!

피식!

맘대로 비웃으쇼! 그럴 수 있는 것도 지금뿐이니!

아니, 이 양반이 뭘 믿고 큰소리야?

특히 이번 십자군을 이끌고 있는 것은
서방의 가장 강력한 세 기사올시다!

로렌의 공작
고드프루아!

툴루즈의 백작
레몽!

그리고… 돌아온
보에몽!

서방 최강의 기사 보에몽!

그는 무시무시한 북유럽 '바이킹'족의 후예이다.

이 바이킹, 즉 '노르만'의 일파가 남쪽으로 이주하였던 바,

'노르만'이 살던 곳이 바로 '노르망디' 올시다!

이 노르만 가운데

로베르라는 이가 있었다.

그 아버지 되는 오트빌 남작이 아들을 12명이나 낳는 바람에 로베르는 나눠 받을 땅이 없었다!

그래서 그는 더욱더 남쪽인 이탈리아로 내려가…

정복 사업 분야에서 수완을 발휘하고,

그 와중에 '기스카르 (족제비)'라는 별명을 얻었다.

꾀쟁이라는 뜻이지요!

1046년 **로베르 기스카르**는 남부 이탈리아의 칼라브리아 산맥에서 시간제 용병, 산적 아르바이트, 그리고 가축 도둑으로 꽤 풍족하게 살게 되었다.

— 버나드 로 몽고메리

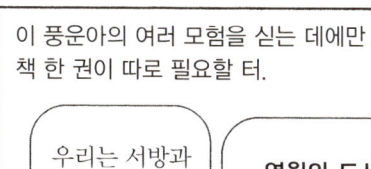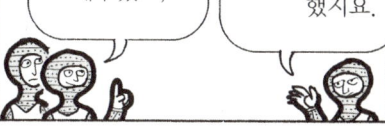

그녀는 '발키리' 같은 바그너풍(風)의 인물이었다. 전장에서 그녀는 긴 금발을 투구 아래로 늘어뜨린 채 여기저기 뛰어다니면서 병사들에게는 독전의 함성을, 적에게는 욕설을 퍼부었는데, 그 소리가 워낙 커서 듣는 사람은 귀가 먹을 정도였다고 한다.

— 존 J. 노리치

로베르 기스카르의 아들인 보에몽이 원군을 이끌고 달려온 것이다!

으악! 보에몽이 왔다!

보에몽은 그의 아버지(로베르)를 빼닮았다. 대담함과 강함, 불굴의 정신 등 모든 면에서. 한마디로, 보에몽은 그 아버지의 정확한 모형이자 살아 있는 영상이었다.

— 안나 콤니니, 《알렉시아스》

동방의 전열은 삽시간에 무너져 내렸다.

살려줘!

달아나자!

어? 우리 병사들이 모두 어디 갔지?

크하하! 모두들 내가 두려워 도망갔지롱!

크읔!

이제 알렉시오스, 당신이 달아날 차례다!

보에몽과 부하들은 알렉시오스를 향해 돌격했다.

알렉시오스가 맞이한 절체절명의 위기!

안나 콤니니의 기록에 따르면 홀로 남겨진 알렉시오스를 노리고,

세 명의 기사가 달려왔다는 것이다!

첫 번째 기사의 공격은…

아슬아슬하게 빗나가 황제에 맞지 않았다.

두 번째 기사가 찌르는 창끝을

황제는 칼로 겨우 막아내고

온 힘을 다해 적의 어깨를 가격했다.

그러나 그때…

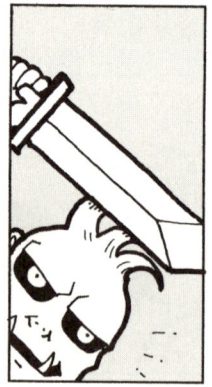

황제의 이마를 노리고 날아오는 일격!

크르렁!

추격대가 양쪽에서 그를 몰아붙였다.

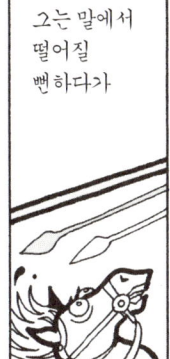
그는 말에서 떨어질 뻔하다가

손에 든 칼로 땅을 짚어 겨우 몸을 일으킨 채 달아나고 있었지만…

앞에는 바위가 솟아 있었다!

크르렁! 진퇴양난이다!

그의 뒤에는 강이 흐르고…

허걱!

이번에는 로베르의 부대가 그를 기다리고 있었으니!

켈트족(서방인)은 방패와 방패를 이어 길게 포진해 있었다.

그들은 그를 사로잡아 로베르에게 바치고 싶어 했다.

크윽, 엿장수 맘대로냐?!

우두머리로 생각되는 자를 노려

창으로 쓰러뜨리고는,

필사적으로 포위망을 돌파하였다.

알렉시오스는 그들의 무너진 전열을 뚫고 말을 달렸다.

이라!!

이렇게 하여 알렉시오스는 보에몽의 손아귀를 벗어날 수 있었다.

지워지지 않을 상처를 입은 채!

— 안나 콤니니, 《알렉시아스》

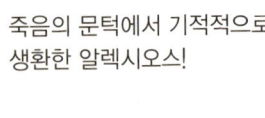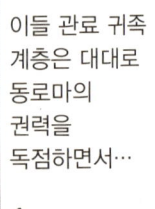

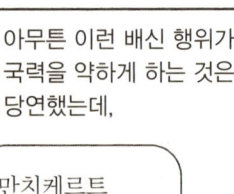

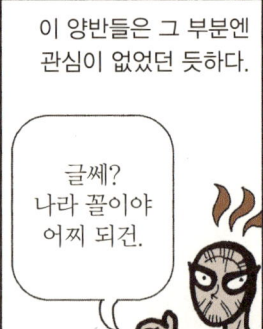

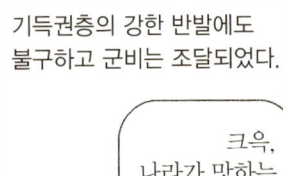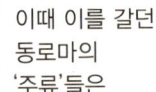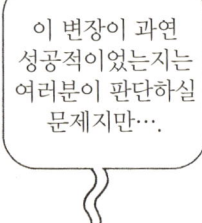

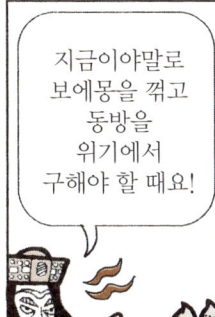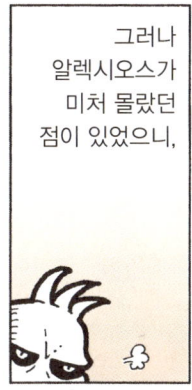

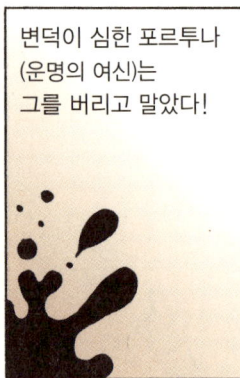

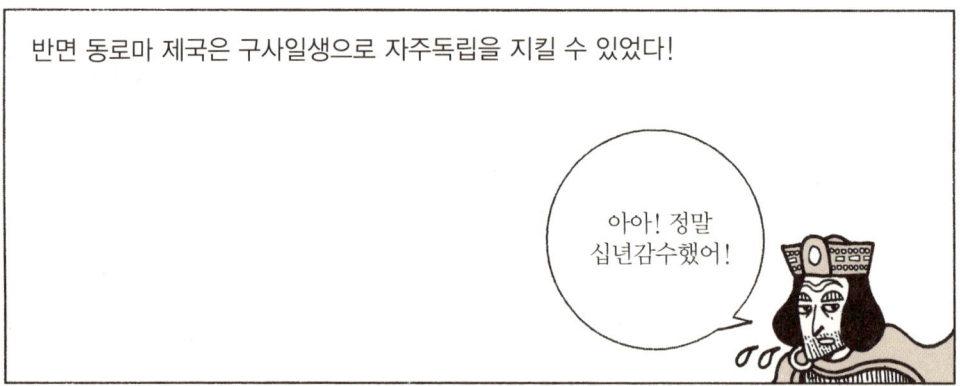

1차 십자군은 무엇을 위한 원정인가

비록 종교를 명분으로 걸긴 했지만, 오늘날 학자들은 1차 십자군의 주된 동기를 역시 경제적인 욕심으로 지적한다. 이런 사실을 고려할 때 고드프루아 삼형제의 경우는 매우 흥미롭다. ① 맏이 외스타슈는, 부모로부터 상속 받은 몫이 많았기 때문에 유럽에서 남부럽지 않은 귀족 행세를 할 수 있었다. 그런 사연이 있어서인지, 비록 십자군 원정에 참여는 했지만, 시종 소극적으로만 활동한다. ② 반면 둘째 고드프루아는, 부족한 상속분을 메우기 위해 젊어서부터 가리지 않고 여러 전쟁에 뛰어들어 명성을 쌓은 기사로, 이번 원정에도 큰 기대를 걸고 있다. ③ 막내 보두앵의 예는 가장 적나라하다. 당시 영주 집안의 작은아들은 상속 받을 것이 부족했기에, 고위 성직자를 목표로 삼고 수도원에 들어가는 경우가 많았다. 그의 부모 역시 보두앵을 수도원에 집어넣었지만, 그는 너무도 큰 야심을 가지고 있던 나머지, 훗날을 기약하며 수도원을 뛰쳐나왔다. 그런 보두앵인지라, 이번 원정에 모든 것을 '올인'한 것은 당연지사. 요컨대 유럽 본토에 자기 몫이 많은 외스타슈는 소극적이었고, 상대적으로 가진 것이 적은 고드프루아나 보두앵은 적극적이었다는 이야기. 보에몽이 십자군에 열심이었던 까닭 역시 마찬가지로 설명된다. 경제적으로 아쉬운 것이 많은 기사일수록, 더 열심히 원정에 참여한 것이다. 단 한 명의 기사만이 여기서 예외였다고 하는데, 그는 바로 부유한 귀족 레몽 백작이었다. 이미 초로의 나이였던 그의 주된 동기는 신앙과 명예 때문이었다고 이야기된다.

서방 측의 연대기에서는 정체불명의 사람들이 고드프루아를 찾아왔다고 적혀 있거니와,

> 보라! 낯선 사람들이 비밀리에 (…) 공작의 진영을 찾아왔도다. 그들은 황제의 간계와 기만을 강하게 고발하더라.

― 아헨의 알베르투스가 쓴 연대기

이렇게 하여 고드프루아의 일행은 콘스탄티노플 성문 앞에서

동로마 제국의 군대와 일전을 벌이게 된 것이다.

고드프루아가 (이 공격을 통해) 황제를 압박하는 것 이상을 의도했는지는 미심쩍다. 그러나 그리스인들(동로마 사람들)은 그가 제국을 차지하려 한다고 의심하였다.

― 스티븐 런치만

이것이 본격적인 **1차 십자군**의 **첫 번째 전투**였다!

이런 어처구니없는 일이!

흑흑! 아직 놀라기엔 이르십니다!

행패를 부리는 건 그들만이 아니거든요!

뭐라고?

이듬해 4월, 동로마의 영토에 발을 들여놓은 **레몽**! 그러나 그 역시 소스라치게 놀라고 마는데!

그렇다면 좋아! 나도 너희를 환영하지 않겠어!

이봐요! 그게 지금 남의 땅에 무단 침입한 사람이 할 말이요?!

흐흑! 동로마 사람들은 우리를 환영하지 않는단 말이야?

어라? 이제는 말대답까지?

혼쭐을 내주십시다!

헉!

레몽 백작의 분노는 곧 약탈과 파괴로 이어졌으니!

(동방 사람들의) 적대적인 태도를 보고 우리 인내심은 한계를 넘었다. 하여 우리는 무기를 들고 (…) 도시를 닥치는 대로 약탈하며 항복을 강요하였다!

— 레몽 부대에 종군했던 아길레르의 라이문두스의 연대기에서

….

하지만 이상한걸?

1권에 이어 2권에도 등장하는, 똑똑하기로 소문난 안나 콤니니 공주!

※보에몽 얼굴의 비밀에 대해서는 이 책 249쪽을 참고하세요!

1장 | 보에몽이 온다! † 99

탄식하는 보에몽! 이 침통한 분위기를 타고	바로 합창곡 《카르미나 부라나》(Carmina Burana) 제2곡이었다!
그의 주위로 깔리는 배경음악(BGM)이 있었으니…	노래방♪ 시스템 도입! "독자 여러분도 아래 가사를 보며 따라 불러보세요!" 'Fortune plango vulnera (포르투네 플랑고 불네라)' 운명의 상처를 비탄하노라

〈2절〉 In Fortune solio
　　　 인 포르투네 솔리오
　　　 sederam elatus,
　　　 세데람 엘라투스,

prosperitatis vario
프로스페리타티스 바리오
flore coronatus ;
플로레 코로나투스

운명의 옥좌에 앉아 있었네
나 높이 들어 올려져서

변덕스러운 빛깔의, 행운이란 꽃으로
화환을 엮어 두른 채

quicquid enim florui
 퀴스퀴드 에님 플로루이
felix et beatus,
 펠릭스 에트 베아투스

행운과 행복이 따르던
한창때를 나 뽐내었건만,

nunc a summo corrui
 눙크 아 숨모 코루이
gloria privatus.
 글로리아 프리바투스

이제는 영광도 빼앗긴 채로
깎아지른 정점에서 곤두박질할 뿐!

카르미나 부라나

〈카르미나 부라나(Carmina Burana)〉는 본디 독일에서 음송되던 중세 라틴어 시가집이다. 젊은 수도사들이 기록하였지만, 내용은 술과 사랑 등 세속의 모습을 만화경처럼 보여주고 있어서, '세속의 노래'라는 별명도 있다.

1937년 독일의 카를 오르프가 시 몇 개를 더하고 빼서, 중세 냄새가 물씬 풍기는 칸타타를 작곡하였다. 칸타타 〈카르미나 부라나〉 가운데, 특히 운명의 힘을 노래하는 제1곡과 제2곡은, 장엄하고 힘 있는 곡조 덕분에 영화 음악이나 CF에도 자주 이용되어, 우리의 귀에도 낯설지 않다(제1곡 '아 운명이여(O Fortuna)'의 가사는 이 책 279쪽을 볼 것).

이렇게 진종일 운명이나 저주하던 보에몽은

어느 날 한 포털 사이트에 올라온 십자군 모집 광고를 보고는…
으응?

그래! 악플이나 달고 있을 때가 아니었어!

새로운 기회를 노리고 동방으로 향하였다!

음!

1097년 4월, 급히 긁어모은 군대를 이끌고 보에몽이 왔다.

'소아시아'란 어떤 곳인가

고대사 및 중세사를 보다가 자주 마주치는 지명이 바로 '소(小)아시아(Asia Minor)'. 지중해 동쪽, 즉 오늘날 터키 땅 대부분을 형성하는 아나톨리아 지역을, 고대 지중해 사람들은 막연히 '아시아'라 불렀다. 그런데 다시 그 동쪽에 어마어마하게 넓은 아시아가 있다는 사실이 유럽에 알려지면서, 옛날에 '아시아'라고만 부르던 아나톨리아 지역을 '소아시아'라고 부르기 시작했다고. "지중해 사람들이 서서히 보다 먼 곳의, 보다 광대한 아시아의 동쪽을 인식하면서 '소아시아'라는 (…) 명칭이 만들어졌다(버나드 루이스Bernard Lewis)." 그런데 21세기 터키가 EU에 가입했으니, 이제 '소아시아'도 '유럽'이 된 셈일까.

또 잘난 척하는 킬리치 아르슬란이었다.

그러나… 과연 그럴까? 천만의 말씀!

이 논증은 받아들일 수 있을까요? 재미있는 사실은, 논리학 훈련을 받지 않은 사람들을 대상으로 한 연구 자료에 따르면 2/3가 넘는 사람들이 이런 형식의 논증을 받아들일 수 있다고 믿었어요. 이 논증은 (삼단논법과) 유사해 보이지만, 중요한 점에서 전혀 달라요. (…) 이것은 후건긍정의 오류 (fallacy of affirming the consequent)라고 알려져 있어요.

— 스티븐 로, 김태권 삽화, 《철학학교》

이번에 도착한 부대는 오합지졸은커녕…

각지에서 전쟁으로 잔뼈가 굵은 **전문가**들이었던 것!
으악! 프로 킬러다!

수도 니케아를 단숨에 빼앗아버린 십자군의 기세 앞에서…

술탄과 전사들은 가족을 구해 퇴각한 사실에 만족해야 했다!
흑흑! 왜들 이렇게 잘 싸우는 거냐?

오늘의 원수는 꼭 갚고 말겠다!
보에몽! 보에몽!
젊은 술탄의 이 외침은 희한하게 귀에 익건만…

니케아는 어떻게 함락되었나

1097년 6월 19일, 니케아는 항복한다. 니케아의 영주 킬리치 아르슬란은 십자군이 온다는 사실을 뻔히 알고도 성을 비워놓고 원정을 나갔던지라, 만삭인 그의 아내가 십자군에 맞서 싸워야 했다. 이 젊은 여장부는 포위 공격 기간 중에 건강한 아이를 순산한다. 상황이 이 정도였다니, 당시 투르크인들이 십자군을 얼마나 우습게 보고 있었는지 알 수 있다. 오합지졸 군중십자군에 너무 쉽게 승리를 거둔 나머지, 클르츠 아르슬란은 제후들의 1차 십자군 역시 얕잡아 보았던 것이다.

한편 성을 지키던 킬리치 아르슬란의 아내와 새로 태어난 아기는 어떻게 되었을까? 다행히도 그들은 무사하였다. 동로마 황제 알렉시오스 콤니노스가 그들의 안전을 보장해주었던 것이다. 알렉시오스는 니케아에 대해 관용 정책으로 일관함으로써, 니케아의 파괴와 약탈을 막았고 투르크인들을 무의미한 살육으로부터 보호하였으니, 십자군 역사에 보기 드문 미담이라 할 만하다. 그러나 이러한 알렉시오스의 태도에 십자군은 오히려 크게 실망하였고, 훗날 알렉시오스는 투르크의 첩자라는 비난까지 받아야 했다. 아마도 풍요로운 니케아를 마음껏 약탈할 수 없었다는 사실이, 십자군이 앙심을 품은 가장 큰 이유가 아니었을까? "유혈과 약탈에 입맛을 다시고 있던 십자군 병사들은 성채 위에서 나부끼는 (동로마) 황제의 깃발에 그만 외복하고 말았다(에드워드 기번 Edward Gibbon)."

투르크 군은 협곡 주위에 매복하여

십자군의 도착을 기다리고 있었다!

그곳은 특히 (…) 매복을 하기에 더없이 좋은, 완만한 구릉지가 많은 곳이었다. 상황은 경계심을 요구했지만, 이는 십자군 지휘관들이 그다지 갖추고 있지 못한 미덕이었다.

— W. B. 바틀릿

살을 시위에 먹인 채

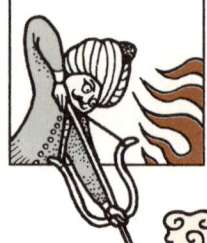

이런 사정을 까맣게 모르고

십자군은 한 발짝씩

운명의 시간을 향해 다가가는데!

어라?

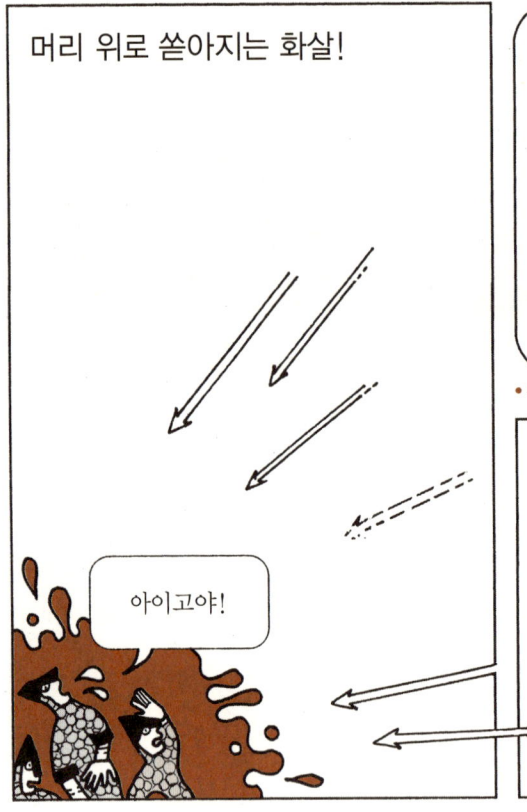

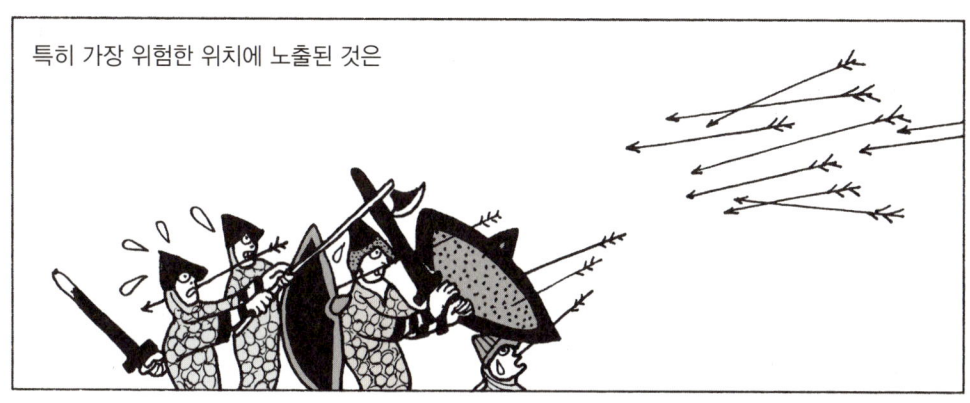

바이킹(노르만)족에는 특히 가공할 (…) 전사가 있었다. (…) 특별히 미치광이들로 조직한 듯한 베르세르크(berserk) 계층으로 (…) 그들은 비상한 힘과 포악한 정도를 기준으로 선발되었다.

— 버나드 로 몽고메리

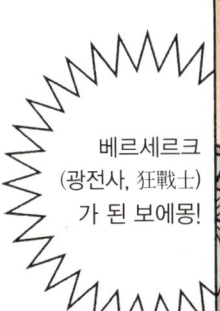

프랑크 군(서방 군대)의 돌격은 중동 세계 전역에서 (…) 두려움의 대상이었다. (…) 지휘관의 수중에 있는 기병 부대는 적을 향해 날아가서 단 한 방에 때려눕힐 수 있는 하나의 발사체와도 같았다.

— R. C. 스메일

십자군의 전술은 전면 방어 전술이었다. 그것은 사라센(무슬림 군대)의 전술에 대응하기 위해 고안된 것으로, 주로 보에몽이 첫 원정 기간에 시도했다.

— 버나드 로 몽고메리

투르크 군은 이제 싸울 의욕을 잃고 흩어졌다. 어찌나 황급히 도망쳤는지 진지도 내버려둔 채 가버린 바람에 (…) 십자군에게 막대한 보물을 남겨주었다.

— W. B. 바틀릿

접근전에 약한 투르크의 전사들은,

활 쏘기 편하려고 얇은 갑옷만 걸쳤거든!

사정없이 달아날 수밖에 없었다!

패배의 소식은 24시간 뉴스 채널을 타고…

쫄딱 망했습니다!

이슬람 세계 곳곳으로 퍼져 나갔다!

이런!

경악!

이 수치스러운 소식은 이슬람 세계에 엄청난 공포를 불러일으켰다. (…) 많은 사람들이 공포와 불안에 사로잡혔다.

— 다마스쿠스 사람이 남긴 연대기

그러나 경악할 일은 더욱 많이 남아 있었으니,

에휴

전쟁은 이제 막 시작이었던 것이다!

동로마 조정에서 승전 축하금을 한껏 우려낸 십자군은,

또!
훌쩍!

다음 목적지인 안티오키아를 향해 떠난다.

십자군이 안티오키아 성 밖에 다다른 것은…

1097년 10월의 일이었다!

음마야!

다음 장은 **안티오키아 공방전!**

1장 | 보에몽이 온다! † 127

1097년	1차 십자군이 도착하여 니케아를 점령하다
1097년~1098년	안티오키아를 둘러싼 엎치락뒤치락 공방전
1098년	십자군 지휘관들의 갈등과 마라트안누만의 학살
1099년~1104년	예루살렘 함락에서 하란 전투까지

2장

안티오키아 공방전

당연하죠! 한때 '동방의 여왕'이라고까지 불리던 안티오키아인데

본문 151쪽

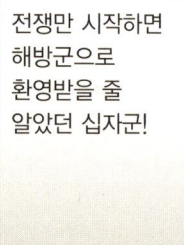

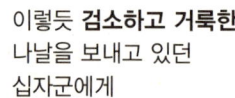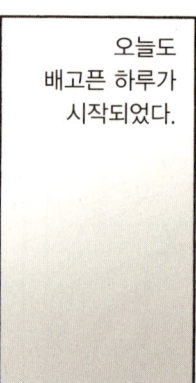

| 보에몽 대 레몽 | 안티오키아 도착 직후, 레몽은 즉시 공격을 주장한다. 그러나 이에 결사반대한 보에몽 때문에, 결국 십자군은 안티오키아를 포위하고 8개월이나 시간을 끌었다(1097년~1098년 6월). 오늘날 역사가들은, 십자군으로서는 응당 속전속결했어야 한다는 데에 의견을 같이한다. 전쟁터에서 잔뼈가 굵은 보에몽이 설마 그 사실을 몰랐을까? 사실 보에몽은 다른 '경쟁자'가 공을 세울 기회를 아예 틀어막으려 했던 것이라. 이후의 상황은, 보에몽의 이런 야심을 적나라하게 보여준다.
한편 레몽은, 유럽에서 남부럽지 않게 살 수 있었음에도 적극적으로 십자군에 참전한 예외적인 경우! 신앙심을 중시하는 레몽의 눈으로 볼 때, 보에몽의 탐욕은 못마땅하기만 했을 것이다. 레몽과 보에몽은 갈수록 날카롭게 대립한다. |

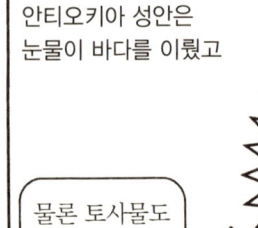

피루즈, 배신의 동기

안티오키아의 피루즈는 원래 아르메니아 출신의 그리스도교인이었는데, 무슬림으로 개종하면서 영주 야기 시얀의 측근으로 들어갔다. 그런 그가, 어째서 동료 시민들과 상관을 배신한 것일까? 서방 측의 연대기 작가들은, 그가 한때 그리스도교인이었다는 사실에 주목하여, 신앙의 자유를 얻기 위해 사악한 '사라센'들을 처단한 인물로 피루즈를 그리고 있다. 그러나 무슬림 측의 기록은 적나라한 동기들을 보여주고 있다. 당시 피루즈는 암거래로 짭짤한 수익을 올리고 있었는데, 마침 그 비리가 들통 나면서 난처한 입장에 몰리고 말았다는 것. 게다가 그의 부인이 투르크인 상관과 바람이 났다는 소문도 있었다. 이런저런 이유로 그의 마음이 흔들릴 무렵, 보에몽이 조장한 공포 분위기가 한 몫을 했으리라.

2장 | 안티오키아 공방전 † 145

**보두앵
대
탕크레드**

고드프루아의 아우 보두앵은 이번 전쟁에 모든 것을 걸고 있었다(90쪽 참조). 유럽에서 살림을 청산하고, 어린아이와 부인까지 일가족을 동반한 채 험난한 원정에 나섰으니 말이다. 결국 그는 탕크레드와 함께, 본대에서 슬쩍 빠져나와, 자신들이 발붙일 새 영지를 찾아 별도의 원정길에 오른다. 결국 그들은 도시 타르소스를 손에 넣지만, 늘 삼촌 보에몽의 그늘에 가려 있던 탕크레드 역시 보두앵이나 비슷한 처지였던지라, 두 야심가의 충돌은 불 보듯 뻔한 일! 마침내 보두앵의 탐욕 때문에 돌이킬 수 없는 참사가 일어나고, 마침내 보두앵은 가족도 잃고 온갖 비난을 받으며 낭인 신세로 전락한다. 그러나 그에게는 아직 인생 역전의 기회가 남아 있었으니….

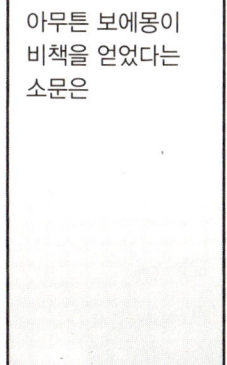

1098년 6월 3일부터

성안에서는 대학살이 시작되었다!

그리고 그 학살의 와중에…

이렇게 십자군이 나락으로 떨어진 한편,

무슬림들은 기사회생의 기쁨을 누렸다!

안티오키아가 함락된 지 사흘 후, 카르부카의 부대가 지평선에 모습을 나타냈다. 불굴의 투지를 불태우던 한 줌의 저항군은 이슬람 기병대의 출현이 믿어지지 않았다. 그들은 눈을 비비며 보고 또 보면서 감격의 눈물을 흘리며 서로 얼싸안고 기도를 드리는 것이었다.

— 아민 말루프

일약 **이슬람의 영웅**으로 등장한 카르부카!

그러나 막상 그를 본 무슬림들은,

할 말을 잃고 마는데…

패배를 모른다는 이슬람의 영웅 카르부카!

그 뻔뻔한 모습을 지켜보며 무슬림들은 깊은 환멸을 느끼지 않을 수 없었다!

도착한 다음 날, 카르부카는 (끝까지 안티오키아를 지키던) 샴스를 불러 요새의 지휘권을 자신에게 양도하라고 요구했다. 샴스는 분개했다. 용감하게 싸운 사람은 정작 자신이 아니었던가? (…) 그러나 카르부카는 대화를 거부했다. 대장은 자신이니 자기에게 복종하라는 것이었다.

— 아민 말루프

2장 | 안티오키아 공방전

대규모 탈영 사태가 일어난 것이다!

대량 탈영이 있었으며, 공황 상태에 빠진 탈영자들은, 안티오키아가 이미 카르부카에게 함락되었다는 소문을 퍼뜨렸다. (…) 알렉시오스는 십자군을 구원하려고 진군하고 있었지만 (…) (탈영병들의 거짓 보고에 속아) 행군을 멈추었다.

— 조에 올덴부르

간혹 자신의 소신을 지키기 위해,

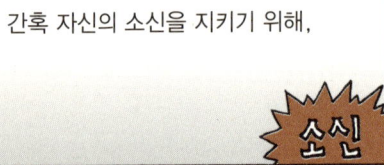

온갖 불이익을 감수하고 군무를 이탈하는 경우도 있거니와,

안티오키아 대성당

무슬림의 도시였던 안티오키아에 웬 성당? 그러나 한때 셀레우코스 왕조의 도읍으로 크게 번창하였던 안티오키아는, 예부터 그리스도교의 아주 중요한 도시였으니, 사도 바울로와 바르나바가 활동했다는 성지(聖地) '안디옥(안티오크)'이 바로 이곳이다. 안티오키아를 점령한 무슬림들도 처음에는 신앙의 자유를 보장해주었기 때문에, 한동안 안티오키아는 그리스도교 신자들과 무슬림이 평화 공존하는 화합의 도시였다. 그러나 안티오키아가 십자군에 포위되자, 영주 야기 시얀은 마침내 첩자 혐의가 있다며 그리스도교 신자들을 도시 밖으로 추방해버린다. 늘 그렇듯이, 이번에도 전쟁이 좋은 인연을 망쳐버린 셈이었다.

처음에 탈영한 이들은 무명의 사병이었다. 그러나 (…) (어느 날) 다름 아닌 은자 피에르의 탈영이 발각되었다. (…) 피에르가 용기를 잃은 까닭은 납득이 되지 않는다. 그들은 탕크레드의 추격을 받았고, 치욕스럽게 돌아왔다.

— 스티븐 런치만

서방인들의 우두머리는 보에몽이었다. 그런데 대단히 꾀바른 수도사 한 명이 있었는데, 그는 메시아의 창이 안티오키아(…)에 묻혀 있다고 장담했다. (…) 그는 종자와 일꾼들을 데리고 여기저기를 파헤쳤고, 마침내 그들은 창을 찾아냈다. 그러자 그 수도사는 외쳤다. "기뻐하시오, 승리는 분명 그대들 것이니!"

— 이븐 알 아시르

성창을 발견한 피에르는 누구?

많은 문헌들이 '피에르'가 성창을 발견했다고 기록했지만, 그 '피에르'가 과연 누구인가에 대해 의견이 분분하다. 안나 콤니느는 성창의 발견자가 '십자군을 이끌던' 은자 피에르라고 기록했지만, 그의 직함을 '주교'로 혼동하고 있다고(스티븐 런치만 Steven Runciman의 주석). 《Gesta Francorum》에는 '성직자 피에르'라고만 되어 있는 반면, 아길레르의 라이문두스(Raymond d'Aguilers)의 연대기에는 '피에르 바르톨로메오'라는 새로운 이름이 등장한다. 당시 피에르라는 이름은 드문 것도 아니었으니, 과연 은자 피에르와는 동명이인(同名異人)인 피에르 바르톨로메오가 활약했을지도 모를 일이다. 서구의 역사가들은 이러한 설을 따른다. 한편, 이븐 알 아시르(Ali ibn al-Athir)는, 성창의 발견이라는 사건 자체를, 보에몽 휘하 '어느 꾀바른 수도사'의 자작극이라고 기술하여, 우리의 호기심을 더욱 자극한다.

1097년 ── 1차 십자군이 도착하여 니케아를 점령하다

1097년~1098년 ── 안티오키아를 둘러싼 엎치락뒤치락 공방전

1098년 ── 십자군 지휘관들의 갈등과 마라트안누만의 학살

1099년~1104년 ── 예루살렘 함락에서 하란 전투까지

3장

롱기누스의 창

보았느뇨? 이것이야말로 성창의 신통력….

본문 208쪽

예수가 십자가 위에서 처형당할 때 이런 장면이 있었다는군! "예수에게 가서는 이미 숨을 거두신 것을 보고 (…) 군인 하나가 창으로 그 옆구리를 찔렀다. 그러자 곧 거기에서 피와 물이 흘러나왔다. (…) 그 뒤 아리마태아 사람 요셉이 빌라도에게 예수의 시체를 가져가게 하여 달라고 청하였다. (…) 그리고 언젠가 밤에 예수를 찾아왔던 니고데모도 침향을 섞은 물약을 백 근쯤 가지고 왔다. 이 두 사람은 예수의 시체를 모셔다가 유다인들의 장례 풍속대로 향료를 바르고 고운 베로 감았다(요한복음 19 : 33~34, 38~40)." 이때 사용된 창이 바로 '성창'일세. 한편, 예수의 시신을 찌른 로마 병사의 이름은 성서 어느 곳에도 적혀 있지 않지만, 사람들이 전하는 바에 따르면 그의 이름은 롱기누스라고 한다는군! 그래서 '성창'을 '롱기누스의 창'이라고도 하는 것일세! 영국의 전설에 따르면, 예수를 장사 지냈던 아리마태아의 요셉이, 훗날 영국에 이 성창을 가지고 왔다는 거야! 근거가 뭐냐고? 이보게, 우리가 언제부터 그런 걸 따졌단 말인가! 아무튼 성창은 최후의 만찬 때 사용되었다는 전설의 술잔인 성배와 짝을 이루는 아이템으로, 온갖 신통력을 가지고 있기에, 아서 왕과 원탁의 기사들은 한때 이 성창과 성배를 찾아 모험을 떠나기도 하지. 그 숱한 기사들 가운데 단지 갤러해드와 퍼시벌, 두 사람만이 성창과 성배를 찾을 수 있었고, 벅찬 감격 속에서 갤러해드가 숨을 거둔 후, 성창과 성배는 다시 행방을 감추고 말았다네. 이때의 감동으로 퍼시벌은 기사 일을 그만두고 평생 은둔 생활을 하며 은자 퍼시벌이 되었다는군! 역시 나 은자 피에르만큼이나 유명한 은자 양반이 아니겠나? 아무튼 이 퍼시벌의 이야기를 놓고 먼 훗날인 1882년 바그너가 〈파르지팔〉이라는 오페라를 쓰는 바람에, 철학자 니체와 영영 결별하게 되었다는 일화도 있거니와, 바그너 이야기를 하니 또 히틀러가 생각나는데, 나치 독일의 히틀러 총통은 특히 성창의 신통력이 제3제국의 승리를 가져다주리라 믿었다는군! 그렇게 유럽 이곳저곳에서 나타났다 사라지는 성창과 성배의 전설은 영국, 프랑스, 독일 등 여러 유럽 나라의 문학과 예술을 이해하는 중요한 열쇠가 되는 것일세!

뭐야, 하나도 간단하지 않잖아!

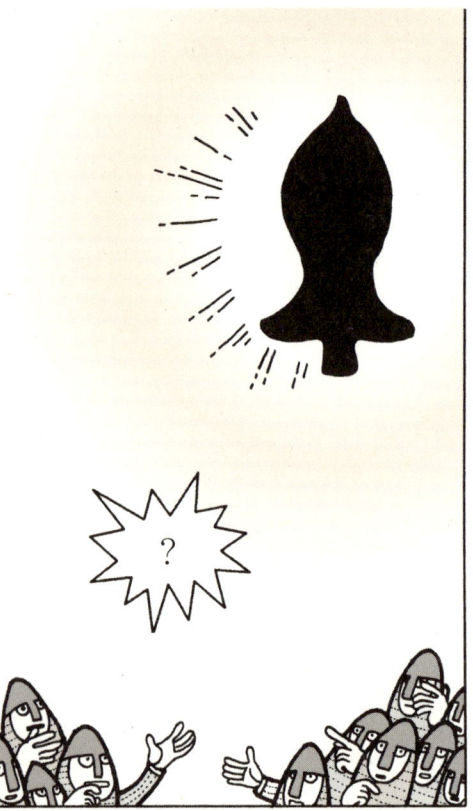

지금 십자군 전사들도 감연히 죽음을 무릅쓰는도다!

마침내 시작된 **최후의 결전!** 그리고 결과는…

십자군 측은 **대단한 승리**로 기록하고 있다!

일부의 말에 따르면, 근처 언덕에서 하얀 깃발을 든 채 흰말을 타고 있던 유령 기사들의 출몰에 (십자군 기사들이) 인도되었다고 한다. 투르크 군은 주춤하여 뒤로 물러섰다.

— W. B. 바틀릿

오오, 기적이다!

이 모두 성창의 신통력이로고!

그러나 모든 십자군이 신통력을 믿은 것은 아니었으니,

….

대부분의 십자군은 오히려 당황하고 있었다!

왜 싸우지도 않고 달아날까요?

헉! 계략이 숨어 있을지도 모르오!

프랑크인들은 그것이 술책일지 모른다며 두려워했다. 그렇게까지 퇴각할 만한 싸움도 벌어지지 않았기 때문이다.

— 모술 사람이 남긴 연대기

그렇다면 실제로는 어떻게 된 일일까?

이 미심쩍은 전투에 대한 무슬림 측의 기록은 이러하다!

많은 무슬림 지도자들은 (…) 만일 카르부카가 십자군을 굴복시킨다면 그의 권력이 절대적이 될 것으로 우려했다.

— W. B. 바틀릿

아타베그(카르부카의 직함)의 자만심은 그만큼 무슬림들의 미움을 사고 있던 터라 그들은 싸움의 결정적인 순간에 그를 배반하기로 마음먹었다.

— 이븐 알 아시르

점점 자신이 고립되어 가고 있는 것을 깨달은 카르부카는 퇴각 명령을 내렸지만 얼마 못 가서 패주하는 신세로 전락하였다.

— 아민 말루프

국민들이 일사불란하게 '바트 당(사담 후세인의 일당독재 정당)'만 추종한 것 같아도, 전쟁 전의 이라크는 위협과 테러로 버티는 위태로운 체제였다. 적지 않은 이라크인들이 이번 전쟁에서 적극적으로 싸우지 않은 것도 전략이었다고 말한다. **"우리는 미군과 싸우지 않음으로써 사담을 제거했다."**

— 오수연

독재자 밑에 사느냐 아니면 외세에 점령당하느냐, 이건 선택이라고 할 수조차 없지만, 제3세계 민중들이 흔히 그렇듯이 이라크인들은 이 문제에 봉착했다. (…) 사담 (후세인) 정권은 반미를 존재 근거로 지탱했던, 미국 제국주의의 그림자였다. 그 정권에 의해 죽거나 그런 정부를 가진 탓에 굶어 죽은 사람들은 이라크인들이었다. (…) 지금 이라크의 거의 모든 남자들은 집이나 자동차 안에 전쟁 통에 유포된 권총, 장총, 따발총을 숨겨두고 있다. "사담과 미국이 두 개의 적이라면, 우리는 미국을 이용해 사담을 우선 제거했다. 다음 차례로 미국과 싸워야만 한다면 피하지 않을 것이다."

— 오수연

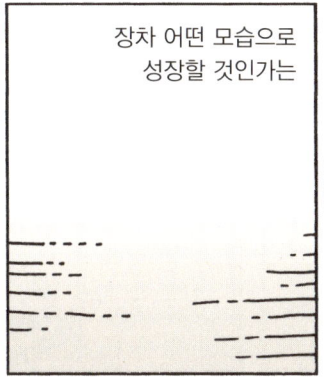

> 보에몽은 안티오키아를 (자신이 건설할) 새로운 제국의 중심으로 보았다. (…) 그러나 레몽은 보에몽의 그러한 태도에 분개했으므로 두 사람 사이의 분열은 어느 때보다도 뚜렷해졌다.
>
> — W. B. 바틀릿

이치에 닿지 않는 말을 떠들어대는 부시였다!

도덕적 가치를 옹호하며, 테러의 위협으로부터 미국을 지켜줄 수 있는 전시 사령관으로서의 이미지. 조지 W. 부시 미국 대통령이 2004년 대선에서 재선에 성공한 요인으로 미 언론들은 두 가지를 꼽았다. (…) CNN 출구 조사에서 유권자들이 가장 중요하다고 여긴 것은 도덕성(22%), 경제(20%), 테러(19%)의 순이었다. 도덕성을 고른 유권자 중 80%가 부시를 지지했다. (…) 특히 이번 대선의 접전지였던 오하이오 주 출구 조사에서는 스스로를 복음주의자로 밝힌 유권자가 24%였고 이들 중 73%가 부시를 지지했다.

― 〈서울신문〉, 2004. 11. 6.

7월, 안티오키아에서 심각한 전염병이 발생했다. (…) 종종 건강을 잃곤 하던 아데마르가, 명사로서는 최초의 희생자가 되었다. 8월 1일 그는 숨을 거두었다.

— 스티븐 런치만

아데마르 주교의 죽음

교황청에서 원정군에 파견한 특사로서, 십자군의 명목상 총사령관을 맡았던 아데마르! 그의 죽음에 십자군은 큰 타격을 입는다. 비록 실권을 가진 지휘관은 아니었지만, 원정군의 구심점 노릇을 톡톡히 하고 있던 터라, 아데마르의 죽음은, 이 야심만만한 기사들을 하나로 묶어줄 중심이 없어진 일대 사건이었다. 이후 십자군은 분열과 군웅할거의 길로 접어든다. 그럼에도 불구하고 1차 십자군의 원정이 성공할 수 있었던 것은, 무슬림 영주끼리는 더 심하게 대립하고 있었던 까닭이다. 십자군에 반격하기 위해서는, 이슬람 세계 내부의 갈등을 해결하는 것이 선행되어야 했다.

피에르가 대성당에서 쇳조각을 발견했을 때 의심을 품은 사람 가운데 한 사람이 바로 아데마르 주교였다. 그런데 아데마르가 죽은 후 피에르는 자신이 계시를 보았는데, 그 계시에서 아데마르가 나타나 자신의 이야기를 믿지 않았기 때문에 잠시 동안 지옥에서 지냈다고 말한 것으로 주장했다. (…) 많은 십자군 전사들이 피에르의 허풍에 질려버렸다.

— W. B. 바틀릿

(피에르는) 마침내 분노하여, 불의 시련을 통해 스스로를 변호하겠다고 자처하였다. 진실이 무엇이었든 간에, 이제 그는 명백히 그의 영감을 확신하고 있었다.

— 스티븐 런치만

결국 **불의 심판**을 받는 은자 피에르!

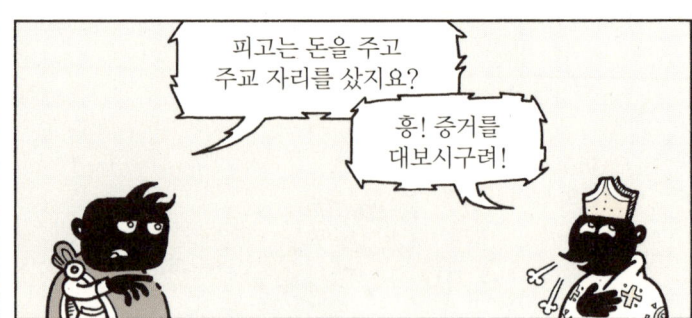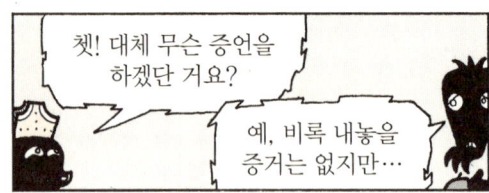

'카노사의 굴욕'과 그레고리우스 7세의 투쟁

중세 교회가 치렀던 '성직매매와의 싸움' 배후에는, 교황권과 황제권의 대립이 있었다. 교회 개혁운동을 벌이던 교황 그레고리우스 7세가 보기에, 황제가 교회 성직자의 인사권을 행사한다는 사실은, 세속의 권력이 교회를 좌지우지하는 셈이었다. 이것이 성직을 돈으로 사고 파는 행위(성직매매)와 다를 바 없다고 판단한 교황청은, 황제 하인리히 4세를 파문하였고, 때는 이때다 싶었는지, 황제 밑에 숨죽이고 있던 여러 제후들이 교황 편에 가세하였다. 위기를 느낀 하인리히 4세는 1077년, 모든 체면을 벗어던지고 교황의 자비를 청한다. 토스카나의 여걸 마틸다 백작(이 만화 1권의 주요 인물)이 중재를 선 이 타협이 유명한 '카노사의 굴욕'이다. 그러나 막상 파문이 철회되자, 황제는 교황에 맞서 전쟁을 일으킨다. 십자군에 참여한 고드프루아는 그때 황제 편에 선 전력이 있다.

온몸을 휘감는 후끈한 기운에…

몸서리치는 피에르!

으아악!

의외로 마음이 넉넉한 아데마르였다!

그(피에르 바르톨로메오)는 끔찍하게 불에 데었고, 만일 동료가 손을 뻗어 잡아주지 않았더라면, 그냥 불 속으로 다시 주저앉아 쓰러질 뻔했다. 12일 동안 그는 고통 속에서 연명하다가, 결국 화상 때문에 숨을 거두었다.

— 스티븐 런치만

피에르의 어이없는 죽음으로

가장 큰 타격을 입은 자는

그 사건(불의 심판)은 십자군의 사기에 깊은 영향을 미쳤다. 피에르는 레몽과 상당히 밀접하게 연관되어 있었으므로 불가피하게도 레몽은 이 사건으로 크게 신용을 잃고 말았다.

― W. B. 바틀릿

보에몽은 안티오키아를 손에 넣는다!

한편 걷잡을 수 없는 십자군 지휘관들의 내분은 군웅할거(群雄割據)의 양상으로 치닫고….

1권 97쪽에서 예고했듯이 말이지.

설상가상! 엎친 데 덮친다고 식량마저 바닥나면서,

병사들의 사기는 땅에 떨어졌다!

이거 큰일인데요! 뭔가 대책이 필요해요!

크르렁! 사기를 올리려면 승리를 해야지!

승리를 하려면 약한 적을 골라야 하고!

마침 여기 안티오키아 근교에는…

작은 도시 **마라트안누만**이 있다는 말씀!

이 도시를 우리 십자군의 제물로 삼자고!

1098년 겨울! 마라트안누만의 주민들은…

성 밖에 몰려온 십자군을 보고 경악했다!

격렬한 저항 끝에 주민들은 항복했다.

12월 11일 (…) (시민들은) 보에몽과 접촉하려 했다. (…) (그는) 주민들이 항전을 포기하고 건물 몇 곳으로 피신한다면 목숨을 살려주겠다고 약속했다. 지푸라기라도 잡는 심정으로 주민들은 몇몇 건물과 동굴에 무리를 지어 모였다.

— 아민 말루프

이렇게 하여 만여 명의 무슬림들이…

잔혹한 학살에 희생되고 말았다!

우리 십자군들은 투르크 사람과 사라센 사람의 인육을 먹는 일은 물론이거니와 심지어 개조차 먹는 일도 마다하지 않았다!

— 십자군 알베르 덱스의 연대기

….

아빠! 저 사람들은 누구야?

음…, 저분들은 용맹스런 십자군이란다! 우리를 구원하겠다고 멀리서 오신 해방자분들이지!

저분들이 무얼 해줄 건데?

우리를 잡아먹을 거란다!

생지옥이 된 마라트안누만!

학살의 동기에 대하여

"불가피한 식인이었을까, 아니면 광신적인 의식이었을까?"(아민 말루프 Amin Maalouf) 마라트안누만을 이토록 철저히 파괴한 동기는 무엇이었을까? 서구 학자들은 때로 종교적 의미를 읽어내기도 한다. 성지 예루살렘은 뒷전인 채, 이전투구나 벌이고 있던 지휘관들이 번쩍 제정신을 차리라고, 도시를 철저히 망가뜨렸다는 것이다. 아예 밥그릇 싸움이 불가능하도록, 밥그릇 자체를 깨뜨려 경종을 울리겠다는 셈. 탐욕을 버리고 성지로 향하라니, 나름대로 거룩해 보이기까지 하는 대목이다. 그러나 이런 메시지를 전달하기 위해 꼭 지독한 살육과 방화를 저질러야 한단 말인가? 차라리 십자군이 자신감을 되찾기 위해 마라트안누만을 제물로 삼았다는 견해(W. B. 바틀릿 Bartlett)가 훨씬 그럴듯하게 들린다.

도시를 강타한 저주는 1099년 1월 13일이 되어서야 끝이 난다. 횃불을 든 수백 명의 십자군이 거리를 돌며 집집마다 불을 놓았다. 물론 도시는 벌써 파괴될 대로 파괴되어 있었다.

운명은 우리가 유리라도 된 듯 짓뭉갰다.
우리의 파편들을 다시는 붙일 수 없으리.

— 아불 알라 알 마리의 시(詩)

— 아민 말루프

광란에 빠진 십자군과…

구석에 박힌 레몽 백작!

어이, 레몽 백작! 파티를 아니 즐기시나요?

성창 땜에 아직도 풀이 죽어 있소?

으음!

이런 건 딱 질색이야!

너무 보에몽스러운 분위기잖아?

에휴!

십자군을 하겠노라 고향 떠날 때만 해도

1097년 — 1차 십자군이 도착하여 니케아를 점령하다

1097년~1098년 — 안티오키아를 둘러싼 엎치락뒤치락 공방전

1098년 — 십자군 지휘관들의 갈등과 마라트안누만의 학살

1099년~1104년 예루살렘 함락에서 하란 전투까지

4장
예루살렘, 예루살렘!

피에 얼룩진 예루살렘의 참상에 사람들은 경악하였다!

본문 242쪽

대경**실색**한 십자군의 **질색**한 표정 너머 보이는…

희색이 도는 보에몽의 **반색**하는 모습!

보에몽은 (…) 훤칠한 키와 넓은 어깨를 가지고 있었다. 그의 육신은 (…) (고전기 그리스의 조각처럼) 완벽하게 균형 잡혀 있었다. 그의 푸른 눈에는 힘과 긍지가 어려 있었다.

그러나 그 매력은 그의 소름 끼치는 성격 탓에 반감되었다. (…) 콧김을 뿜으며 부르르 떠는 그의 **웃는 모습**은 사람들을 전율케 만들었다.

— 안나 콤니니, 《알렉시아스》

4장 | 예루살렘, 예루살렘! † 249

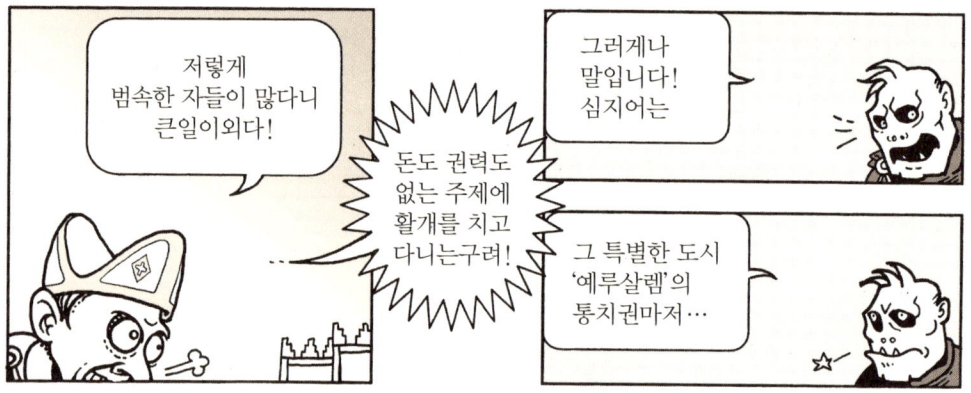

기사들 가운데 레몽이야말로 (예루살렘의 통치자로) 제일 유력한 후보자였다. 그러나 그는 인심을 얻지 못했다 (…) (마지막으로) 고드프루아가 남았다. 그는 영주로서 성공적이지 못하였으며, 콘스탄티노플에서의 행위에서 알 수 있듯 (…) 둔하고 나약한 면도 있었다.

— 스티븐 런치만

'성묘의 수호자' 고드프루아

지휘관들은 회의를 통해, 예루살렘의 제1대 통치자로 고드프루아를 선출한다. 옛날에는 고드프루아의 빼어난 미덕 덕분에 그가 그런 영광을 얻었다고만 생각했다. 그러나 오늘날의 연구자들은 고드프루아가 권력을 얻은 것은, 상대적으로 다른 제후들의 견제를 가장 덜 받았기 때문이라고 생각한다. 즉, 가장 눈에 띄는 사람이 아니라, 제일 무난한 사람이었던 까닭에, 얄궂게도 가장 큰 몫을 챙길 수 있었다는 것. 과연 고드프루아 스스로도 '성묘의 수호자'라는 애매한 칭호에 만족하지 않을 수 없었다(예루살렘에는 한때 예수의 무덤이었다는 '성묘(聖墓)'가 있다). 예루살렘의 국왕(國王)을 자처한 것은, 더 강력한 정치력을 확보할 수 있었던, 제2대 통치자 때부터의 일이다.

일동의 정신은 긴장하였다.
(…) "그것은 누가 하나요?"

(그들은) 아직도 경험하여 보지 못한 말할 수 없는 정신의 감동을 깨달았다. 그리고 일시에 소름이 쪽 끼쳤다.

"그것은 누가 하나요?" (…) "우리가 하지요" 하는 대답이…

기약하지 아니하고 입에서 떨어진다.

이때에 (그들의) 가슴속에는 꼭 같은 '나 할 일'이 번개같이 지나간다.

너와 나라는 차별이 없이 온통 한몸 한마음이 된 듯하였다.

— 이광수, 《무정》

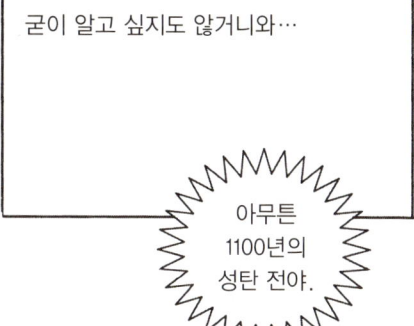

고드프루아는 (…) 점점 영향력을 잃어가고 있었다. 이는 다임베르토의 노골적인 조종의 결과였다. (…) 얼마 후 다임베르토는 예루살렘의 완전한 통치권을 자신에게 넘길 것을 요구했다. (…) (이건 너무 심한 요구였기에) 고드프루아 사후(死後)에 상황을 다시 검토하기로 타협이 이루어졌다.

— W. B. 바틀릿

4장 | 예루살렘, 예루살렘! † 255

나날이 삶의 의욕을 잃어만 가는 고드프루아와는 반대로…

날이 갈수록 살맛이 나는지 더더욱 팔팔해지는 다임베르트였다!

4장 | 예루살렘, 예루살렘! † 257

억울해하는 사람들! 그러나…

보에몽과 척진 것이 어디 이들뿐이랴?

비록 각각은 보에몽의 맞수가 되지 않았지만…

당하기만 하던 이들이 막상 뻗장대기 시작하자…

그토록 대단하다던 보에몽도 배겨낼 도리가 없었다!

7월 18일 수요일 (…) 로렌 공작이자 '성묘의 수호자' 고드프루아는 조용히 숨을 거두었다. 그는 통치자로서, 우유부단하고 우둔하였다. 그러나 그의 용기와 겸손함, 그리고 신앙심을, 여러 민족에서 온 사람들은 존경해왔던 것이다. 예루살렘에서 사람들은 그의 죽음을 애도하였다. 닷새 동안 관에 누운 그에게 작별을 고한 후, 사람들은 그의 시신을 성묘 성당에 묻었다.

— 스티븐 런치만

고드프루아의 죽음을 둘러싼 의혹

다임베르트와 보에몽은 고드프루아가 이렇게 갑작스럽게 숨을 거둘지 미처 몰랐다. 사실, 당시의 많은 사람들이 그러했던 것 같다. 서방 측 연대기로는 과로로 건강을 해친 고드프루아가 죽음을 맞았다고 기록하였다. 그러나 눈에 띄는 것은 이슬람 세계의 역사가들이 기록한 사인(死因)인데, 당시 무슬림 사이에서는 예루살렘의 통치자 고드프루아가 역병으로 죽었다는 둥, 화살에 맞아 피살되었다는 둥, 무시무시한 이야기가 퍼져 나갔다. 그중 가장 특이한 것은, 고드프루아 독살설. 고드프루아는 한 팔레스타인 귀족이 바친 독이 든 과일을 먹고 음모에 희생되어 죽었다는 것이다. 아무튼 일세의 '명사'가 갑자기 돌연한 죽음을 맞이할 때 여러 가지 흉흉한 소문이 도는 것은, 예나 지금이나 마찬가지인 모양이다.

고드프루아가 앓아눕는 바람에 무슨 조치를 취할 수 없고 또 그의 병사들도 원정을 나가 있었기에 그동안 (…) 다임베르트 총대주교는 예루살렘을 (잠시) 떠나 있어도 안전하리라 생각했다. 그는 최악의 계산을 한 것이다.

— 스티븐 런치만

> 다임베르트는 보에몽(의 군대)를 소환하였다. 기사들의 바람을 무시한 채, 자신이 팔레스타인을 차지하기 위해 십자군끼리의 내전도 불사할 요량이었다. (…) 그러나 이 소환장은 보에몽에게 도달하지 않았다. 다임베르트의 운도 다한 것이다.
>
> — 스티븐 런치만

버선발로 달려나간 다임베르트! 그러나 그가 본 것은….

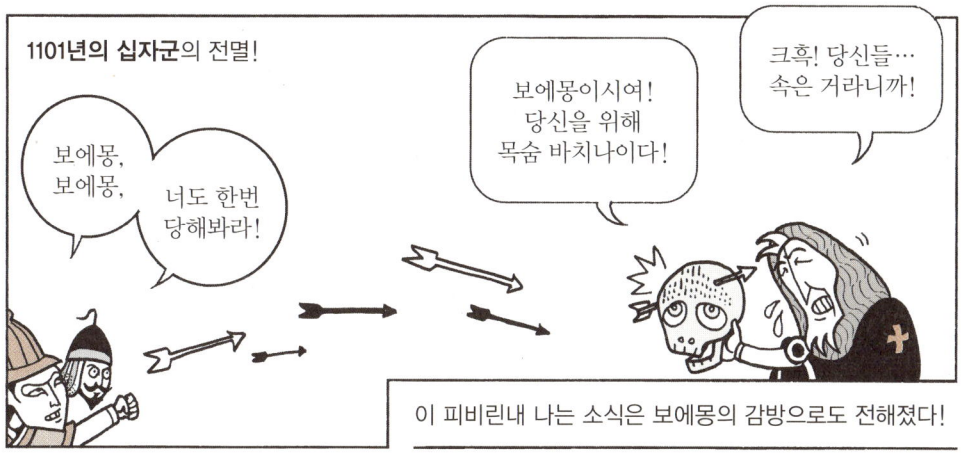

탕크레드가 보에몽의 기질과 많이 닮았다는 사실은 곧 명백해졌다. 탕크레드는 자기 삼촌 보에몽을 석방하려는 협상을 방해했다. 그런 점에서는 삼촌을 능가하는 뛰어난 제자인 양 보였다.

— W. B. 바틀릿

이렇게 되어 옴짝달싹 못하고 장기 수감의 길로 접어든 보에몽!

아아, 이 무슨 **운명**인가? 일세의 영걸을 자처하던 보에몽이언만, 이제는 숫제 앵벌이가 되어 있구나!

헛된 확신은 무모한 희망으로 바뀌었다!

바이외
태피스트리

이 책에 나오는 노르만 기사들의 차림과 그들의 전투 장면은 '바이외 태피스트리'를 기초로 고증하였다. 바이외 태피스트리는 11세기 말 영국을 정복한 노르만 귀족들이 자신의 위업을 기리기 위해 제작한, 아주 특별한 예술품이다. 번드르르한 대형 건물이나 거창한 서사시를 짓는 대신, 그들은 폭 50센티미터의 긴 베(麻)에 여러 빛깔의 색실로 한 땀 한 땀 수를 놓아, 1066년의 헤이스팅스 전투를 재현한 것이다. 마치 만화나 일러스트레이션처럼, 상황을 설명하는 짤막한 라틴어 문장들이 그림 속에 함께 새겨진 것은, 이 작품의 독특한 매력을 더욱 빛나게 한다. 사건의 경과에 따라 왼쪽에서 오른쪽으로 수놓아진 이 작품의 길이는 무려 70여 미터! 한편, 이 작품에 묘사된 헤이스팅스 전투의 뒷이야기. 이 전투의 일부 생존자들은 후일 동로마 제국의 용병이 되어, 1085년 보에몽 부자(父子)가 침공했을 때(이 책 70~88쪽), 노르만 군대와 싸우며, 나라를 빼앗긴 원한을 달랬다고 한다.

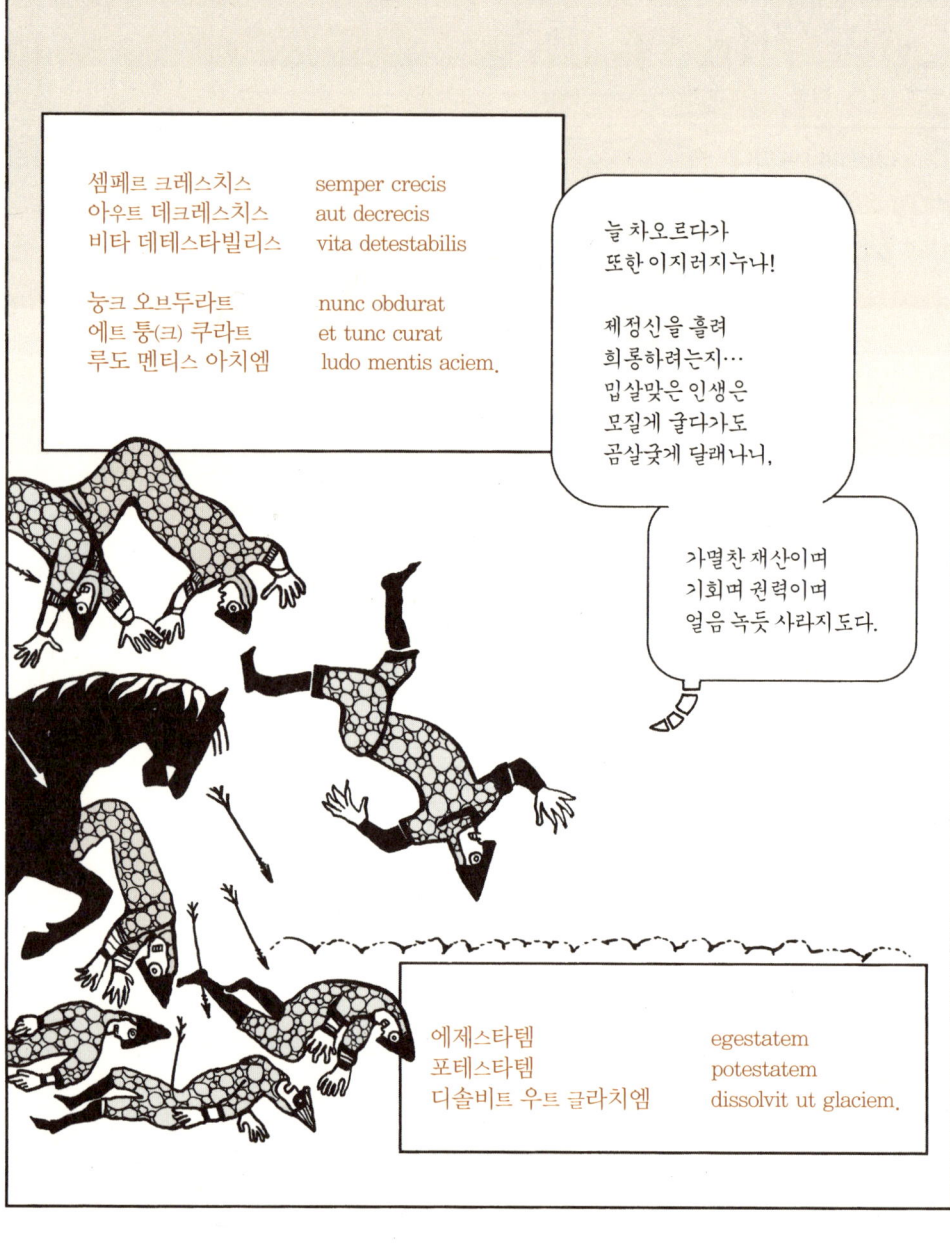

소르스 임마니스	Sors immanis
에트 인아니스	et inanis,
로타 투 볼루빌리스	rota tu volubilis,
스타투스 말루스	status malus,
바나 살루스	vana salus
셈페르 디솔루빌리스	semper dissolubilis,

운명이여,
모는 이도 없이 멋대로
굴러가는 그대 거대한 수레여,
언제나 악의(惡意)에
가득 차 있으니…

나 평안히
지낼 도리 없구나.

그늘에 숨은 채
베일에 가리운 채
그대 나를 괴롭히매,

승부에 진 나는 이제
나의 헐벗은 등판을
그대 모진 손아귀에
넘기는도다!

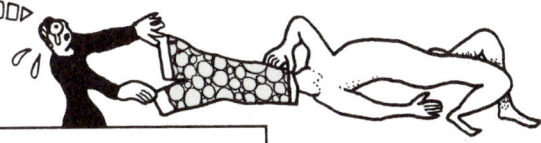

오붐브라타	obumbrata
에트 벨라타	et velata
미히 쿠오쿠에 니테리스	michi quoque niteris;
눙크 페르 루둠	nunc per ludum
도르숨 누둠	dorsum nudum
페로 투이 스켈레리스	fero tui sceleris.

| 하크 인 호라 | 시네 모라 | 코르둠 풀숨 탄지테 |
| Hac in hora | sine mora | cordum pulsum tangite; |

바로 지금, 주저함 없이
악기를 쥐고
떨리는 현(弦)을 뜯어
노래하여라…

**운명, 그대는 강한
이를 무너뜨리나니…**

| 쿠오드 페르 소르템 | 스테리트 포르템 |
| quod per sortem | sterit fortem, |

메쿰 옴네스 플란지테!
mecum omnes plangite!

모든 사람은
나와 함께 울어다오!

4장 | 예루살렘, 예루살렘! † 283

1104년 5월, 무슬림 연합군은 적을 보자마자 후퇴하는 척하면서 한 시간 동안이나 프랑크 군을 유인하였다. 이윽고 신호가 떨어지자 그들은 (…) 곧장 적을 에워싸고 섬멸하였다. "보에몽과 탕크레드는 (…) 날이 저물기를 기다렸다가 황급히 도주하였다. 두 지휘관은 겨우 여섯 명의 기사만을 이끌고 그곳을 빠져나왔다." 하란에서 거둔 승리의 여파는 대단했다. "무슬림들은 이제껏 그만한 승리를 거두어 보지 못했다." (…) 그 패배로 가장 큰 타격을 입은 프랑크인(서방인)은 두말할 필요도 없이 보에몽이었다. 몇 달 뒤 그는 배 한 척에 올랐다. 이후 아랍 땅에서 그의 모습을 본 이는 없었다.

— 아민 말루프

패주하는 군대를 바라보며…

슬픔에 젖는 보에몽!

흑흑! 독자들이여!

나 보에몽과 함께 울어다오! 메쿰 옴네스 플란지테 (mecum omnes plangite)!

보에몽의 이름도 세상에서 잊혀질 즈음

동로마 제국 사람들은 놀라운 뉴스를 접하는데…

동로마 제국 땅에 들어선 보에몽의 시신!

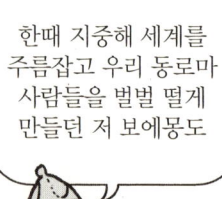

한때 지중해 세계를 주름잡고 우리 동로마 사람들을 벌벌 떨게 만들던 저 보에몽도

지금은 저렇게…

송장 냄새나 풍기면서 한길 관 안에 누워 있구려!

포르투나와 히브리스

'포르투나(Fortuna)'는 운명을 뜻하는 라틴 말이고, '히브리스(hybris)'는 우리말로 오만이라 새길 수 있는 그리스 말이다. 어떤 인물이 남보다 월등한 능력에도 불구하고 파멸한다면, 사람들이 여러 이유를 꼽을 것이다. '영웅'의 파멸은 그 자신의 히브리스에서 시작한다고, 옛 그리스 사람들은 생각했다. 물론 인간의 파멸은, 변덕스러운 신의 분노나 얄궂은 운명 때문일 수 있다. 그러나 그 전에, 신의 비위를 거스르고 운을 망가뜨리는 것은, 그 자신의 결함(하마르티아hamartia)인 '히브리스'라는 것이다. 예컨대 헤로도토스가 보기에 크로이소스의 파멸(22쪽 참조)은 신탁을 쉽게 생각하여 자기 맘대로 해석한 히브리스 때문이었으며, 크세르크세스가 살라미스 해전에서 타격을 입은 것 역시, 바다와 머나먼 전쟁을 얕잡아본 그의 히브리스 때문이라 설명한다. '우리의 승리야말로 정의가 승리한 것'이라는 낯간지러운 아전인수는, 적어도 당시에는 먹히지 않았던 셈이다. 오늘날 부시의 이라크 침공 역시 현대 판 '히브리스'가 아니겠느냐는 의견도 눈길을 끈다.

어찌 됐든 이렇게 해서…

안 그래도 영웅 행세를 하고 다니던 보에몽은, 더더군다나 특급 스타가 되고 만 것이었다!

보에몽의 칼럼이 아침마다 일간지 1면을 장식하고,

새로 생긴 종편 채널의 단골 게스트가 되었으며,

미국의 폭스TV에서는 그의 수감 생활을 **리얼리티 쇼**로 재구성하였다!

과연 〈보에몽 서바이벌〉은 1106년 시청률 1위를 달성하였다!

"서방 TV 역사상 최대의 흥행작!"
— 미디어 평론가 구라치우스

아무튼 그 영향으로 그해의 〈007 시리즈〉는 말 안 듣는 동로마 제국을 응징하는 내용으로 제작되었다나 뭐라나….

쩝!

잠깐! 이 이야기… 1권에서 본 것 같아!

나도! 나도!

어! 희한하네?

보에몽은 황제가 두려웠지만 바다에서도 육지에서도 달리 방어할 도리가 없었던지라, 마침내 놀라운 책략을 고안해냈다. (…) 특수 제작한 관에 들어가 시신인 척하고 바다를 건너는 것이었다. (…) 동료들이 닭 한 마리를 잡아 그와 함께 관에 넣고, 대략 4~5일이 지나자 누구나 맡을 수 있는 끔찍한 악취가 풍기기 시작했다.

— 안나 콤니니, 《알렉시아스》

동방에서 본 보에몽 : 안나 콤니니의 《알렉시아스》

동방 사람들이 1차 십자군을 어떻게 바라보았는지 알 수 있는 자료가 바로 안나 콤니니 공주가 남긴 역사서 《알렉시아스》이다. 십자군에 대한 적나라하고 신랄한 서술 때문인지, 아니면 남성우월주의 때문인지, 서구의 "근대 역사가들은 곧잘 그녀를 과소평가하곤 했지만, 그녀는 지적이고 잘 교육받은 여성이었을 뿐 아니라, 양심적인 역사가이기도 했다(스티븐 런치만 Steven Runciman)." 그러나 아직도 몇 가지 세부 사항은 논쟁의 대상이다. 예컨대 보에몽이 송장 시늉을 하며 바다를 건넜다는 이야기는, 서방의 연대기에는 전혀 보이지 않고, 안나 콤니니의 책에만 기록되어 있다고 하여, 진실성을 의심받기도 하는 것이다. 하지만 "보에몽이라면 충분히 그런 속임수를 쓸 만하다(E. R. A. 수터 Sewter)"는 것도 역시 사실이긴 하다. 진실은 무엇일까?

이제 교황청의 동의까지 얻어서, 보에몽은 콘스탄티노플에 맞서는 새로운 십자군을 조직한다. 그는 브린디시 항(港)에서 전함을 만들고 군대를 모으며 한 해를 보내고 있었다.

— 마르셀 티에보

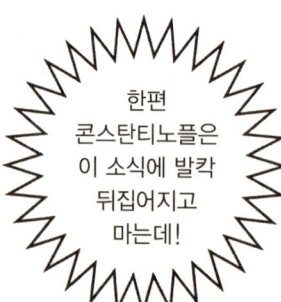

4장 | 예루살렘, 예루살렘! † 299

Prima Expeditio Sacra

고전 읽기

힘은 곧 정의인가

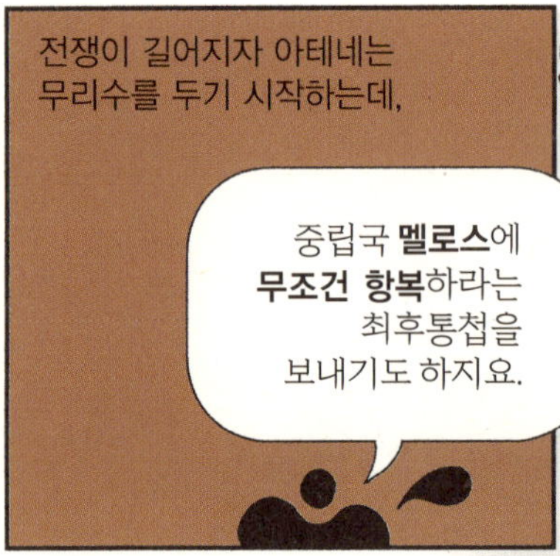

전쟁이 길어지자 아테네는 무리수를 두기 시작하는데,

중립국 **멜로스**에 **무조건 항복**하라는 최후통첩을 보내기도 하지요.

아테네
스파르타
멜로스 섬

《펠로폰네소스 전쟁사》 5권에는 이때의 대화가 실려 있습니다. — '멜로스 대화(Melian dialogue)'

어차피 **약육강식**의 세상이란다. 이 힘센 형님한테 냉큼 항복해라.

아테네 사절단 : 우리가 현재 여기에 와 있는 것은 무슨 대의명분이 있기 때문이 아닙니다. (…) 여러분이 우리를 설득하기 위해서는 약육강식의 원칙(에 따르고) 쌍방이 희망하는 것을 명시할 필요가 있(습니다).(V.89)

그, 그래도, 저항해볼래요. **희망**을 걸고.

멜로스 위원단 : 아직 자유로운 상태인 우리가 할 수 있는 모든 일을 다해 예속화에 저항하지 않는 것은 의롭지 못하고 비겁한 일일 것입니다.(V.100)

(…) 게다가 굴복은 곧 절망을 의미하지만, 저항 행동에는 아직 희망이 확실히 보존되어 있습니다.(V.102)

아테네 사절단 : 희망은 위기의 위안자입니다. 힘에 여유가 있는 자가 희망을 갖는다면 해를 입을지언정 멸망하는 일은 없을 것입니다. 그러나 모든 것을 희망에 거는 자는 (…) 꿈이 깨졌을 때 그 실체를 깨닫고서 경계하려 할 때에는 이미 희망도 사라져버리고 없는 것입니다. (…) 여러분은 희망을 점괘나 예언에서만 찾으려다 파멸을 초래한 많은 이들과 같은 전철을 밟아서는 아니 될 것입니다.(V.103)

멜로스 위원단 : 우리는 결백하며 불의에 직면해 있기 때문에 여러분과 같은 좋은 행운을 신들께서 우리에게 허락해주시리라 믿습니다.(V.104)

아테네 사절단 : 신의 법은 분명히 자연의 법칙에 의해 힘센 자가 언제나 이기는 것(…)이라고 우리는 상식적으로 이해하고 있기 때문입니다. 이 법칙은 우리가 결정한 것도 아니고, 처음 이용하는 것도 아니며, 예로부터 존재해 영구히 이어져 가는 것이며, 우리는 그에 따라 행동하고 있는 데 불과합니다. 그리고 여러분뿐만 아니라 누구라도 우리와 같은 권좌에 오르면 똑같은 행동을 취하리라는 것을 우리는 압니다.(V.105)

둘째로, 중립국을 쳐들어오면 다른 나라들이 가만있지 않으리라는 겁니다. 특히 동맹국 스파르타가요.

구, 국제 정세를 보라고요!

멜로스 위원단 : 우리가 열세에 놓여 있는 힘의 측면은 맹방인 (스파르타의) 라케다이몬인이 보충해줄 것입니다.(V.104)

(…) 우리는 이익주의에 입각해 생각한 것이고, 우리를 구원하는 것이야말로 그들의 이익이라고 믿고 있습니다. 즉 (…) (우방) 멜로스를 배반하면 헬라스 도시들의 불신을 살 뿐이고, 이렇게 되면 자신의 적(아테네)를 간접적으로 돕게 되기 때문입니다.(V.106)

아테네 측은 다른 나라, 특히 스파르타가 멜로스를 배신하리라 주장합니다.

너희는 국제 정세라는 장기판에서 **버리는 말**이란다.

아테네 사절단 : 원조국의 관심사는 피원조국의 호감을 얻는 것이 아니라 특정한 행동이 결정적으로 우월한 힘으로 수행될 수 있는가 없는가에 있습니다.(V.109)

(…) 전쟁이냐 안정이냐 하는 양자택일을 강요받고 있는 지금, 어리석게도 공명심에 사로잡혀서는 안 됩니다.(V.111)

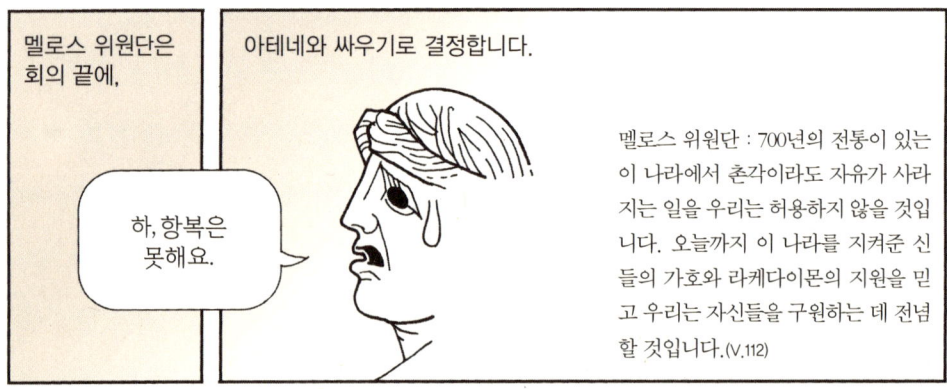

멜로스 위원단은 회의 끝에, 아테네와 싸우기로 결정합니다.

하, 항복은 못해요.

멜로스 위원단 : 700년의 전통이 있는 이 나라에서 촌각이라도 자유가 사라지는 일을 우리는 허용하지 않을 것입니다. 오늘까지 이 나라를 지켜준 신들의 가호와 라케다이몬의 지원을 믿고 우리는 자신들을 구원하는 데 전념할 것입니다.(V.112)

결과는 멜로스의 멸망이었습니다.

ㅎㄷㄷ…

아테네는 무지막지하게 보복했어요(아흑).

아테네는 사로잡은 멜로스의 성인 남자를 모두 살해하고 부녀자들은 노예로 팔았다. 그리고 뒤에 아테네에서 1500명의 이민을 멜로스에 보내 아테네 사람 자신이 그곳에 정착했다. (V.116)

아테네
스파르타
멜로스 섬

그런데 바로 그 아테네 역시 오래지 않아 스파르타한테 깨지고 비슷한 일을 당하게 됩니다.

무, 무서운 세상!

운명의 장난일까요? 회담을 시작하며, 멜로스 사람들은 이런 말을 했더랬죠.

멜로스 위원단 : 이 문제가 여러분(아테네 사람들)과도 크게 관계가 되는 것은, 여러분이 패해 심한 보복을 받을 때 여러분 자신이 다른 데에 좋은 본보기를 보이게 될 것이기 때문입니다. (V.90)

힘의 논리로는 어느 누구도 행복해지지 못하나 봅니다.

살벌하군..

고전 읽기 | 힘은 곧 정의인가 † 307

트라시마코스: 들으십시오! 저로서는 올바른 것이란 '더 강한 자의 이득' 이외에 다른 것이 아니라고 주장합니다. (338c)

소크라테스: 도대체 그건 무슨 뜻으로 하는 말이오? 설마하니 다음과 같은 것을 주장하지는 않을 것이니까 말이오. 즉 팡크라티온 선수인 폴리다마스가 우리보다도 더 힘이 센데, 쇠고기가 이 사람의 몸에 이득을 가져다 준다면 (…) 이 식품이 정의로운 것이라는 그런 뜻으로 하는 말은 아닐 것이오.

트라시마코스: 소크라테스 선생, 선생께선 정말이지 진저리 나는 분이십니다. (338c–d)

트라시마코스: 적어도 법률을 제정함에 있어서 각 정권은 자기의 이득을 목적으로 삼고자 합니다. (…) 일단 법 제정을 마친 다음에는 이를, 즉 자기들에게 이득이 되는 것을 다스림받는 자들에게 올바른 것으로 공표하고서는, 이를 위반하는 자를 범법자 및 올바르지 못한 짓을 저지를 자로서 처벌하지요. (…) 올바른 것은 더 강한 자의 이득으로 귀결합니다.

소크라테스: 이제야 선생의 말뜻을 알았소. (338e–339a)

진정한 위정자의 의미를 검토하기 위해, 소크라테스는 유추의 기술을 사용합니다.

위정자. 의사. 말 키우는 사람.

소크라테스 : 엄밀한 뜻의 의사는 돈벌이를 하는 사람인가요, 아니면 환자들을 돌보는 사람인가요?
트라시마코스 : 환자들을 돌보는 사람입니다. (341c)

소크라테스 : 의술은 (…) 몸에 이득이 되는 것을 생각하오.
트라시마코스 : 예.
소크라테스 : 말을 키우는 기술도 (…) 말들에게 이득이 되는 것을 생각하오. (342c)

진정한 의사라면 환자의 이익을 먼저 생각하죠.

제대로 된 위정자도 마찬가지 아니겠소?

소크라테스 : 그 어떤 전문적 지식이라도 더 강한 자의 이득을 생각하거나 지시하지 않고 오히려 더 약한 자이며 제 관리를 받는 자의 이득을 생각하며 지시하오. (…) 그러면 그 어떤 의사든, 그가 의사인 한은, 의사에게 이득이 되는 걸 생각하거나 지시하지 않고, 환자를 위해 그러지 않겠소? 엄밀한 뜻의 의사는 몸을 관리하는 자이지, 돈벌이를 하는 자가 아니(니까요). (342c-e)

이렇게 정의란 통치자(강한 자)의 이익을 위한 것 이라는 주장을, 소크라테스는 반박합니다.

제게는 이 대목이, '제 잇속 차리는 양반은 제대로 된 통치자가 아니다'라고도 읽히는데요.

…아무튼.

소크라테스 : 그가 다스리는 자인 한은, 자신에게 이득이 되는 걸 생각하거나 지시하지 않고, 다스림을 받는 쪽, 그리고 자신이 일해주게 되는 쪽에 이득이 되는 걸 생각하거나 지시하오. (342e)

트라시마코스가 보기에는 세상 물정 모르는 순진한 주장으로 보였나 봐요.

이어지는 트라시마코스의 반박은 인신공격에 가깝습니다.

트라시마코스 : 선생께는 보모가 있기나 합니까? 코찔찔이인 선생을 보모가 유심히 볼 뿐, 코를 닦아주지도 않으니까요. (343a)

트라시마코스 : 선생은 (…) 양도 양치기도 알아보지 못하니까요. (…) 양을 치는 이들이나 소를 치는 이들이 양이나 소한테 좋은 것을 생각하며 이것들을 살찌게 하고 돌보는 것이 주인한테 그리고 자신들한테 좋은 것 아닌 다른 어떤 것을 염두에 두어서라고 생각하시니 하는 말입니다. (343b)

소크라테스 : 그러나 양을 치는 기술에 있어서 관심사는 (…) (양)을 위해 최선의 것을 제공토록 하는 것 이외의 다른 어떤 것도 아님이 분명하오. (345d)

이를테면, 의술은 건강을 제공하고 (…) 다른 기술들도 마찬가지 아니겠소? (…) 이건 어떻소? 어떤 사람이 치료를 해주고서 그 수가를 받는다면, 의술을 보수 획득술로 부르겠소? (346a–b)

트라시마코스 : 올바르지 못한 행위들 중의 일부를 어떤 사람이 몰래 해내지 못할 때, 그는 처벌을 받고 비난을 받습니다. 신전 절도범이나 납치범(인신매매범), 가택 침입 강도나 사기꾼, 또는 도둑이라 불리는 사람들은 이와 같은 못된 짓들에 관련하여 부분적으로 올바르지 못한 짓을 한 사람들이기 때문입니다. 그러나 어떤 사람이 시민들의 재물에 대하여 그들 자신마저 납치하여 노예로 만들게 될 때, 이들 부끄러운 호칭 대신에 행복한 사람이라거나 축복 받은 사람이라 불리지요. (344b)

(…) 소크라테스 선생, 이처럼 불의가 큰 규모로 저질러지는 경우에는, 그것은 올바름보다도 더 강하고 자유로우며 전횡적인 것입니다. (344c)

소크라테스 : 그래, 트라시마코스 선생, 선생에겐 올바르지 못한 사람들이 분별 있고 훌륭한 사람들로 생각되나요?
트라시마코스 : 그렇습니다. 실로 올바르지 못함을 완벽하게 행할 수 있는 사람들이라면, 그리고 나라들과 부족들을 자신들의 지배 아래 둘 수 있는 사람들이면 말씀입니다. 하지만 아마도 선생께선 제가 소매치기 따위를 두고 말하는 것으로 생각하시겠죠. 하기야 그런 것도 들키지만 않는다면, 이득이 되죠. 그러나 그런 건 언급할 가치도 없고 그럴 가치가 있는 것은 방금 말씀드린 그런 것들입니다. (348d)

'불의가 정의보다 낫다'는 주장을 어떻게 반박할까요? 소크라테스는 악기 조율하는 기술부터 이야기합니다.

악기 전문가끼리는 서로 같은 음정을 내지 않겠소?

소크라테스: 여보시오, 음악(시가)에 능한 어떤 사람이 리라를 조율할 때, 현을 죄거나 늦춤에 있어서 역시 음악에 능한 다른 사람을 능가하고자 하거나 또는 능가할 자격이 있다고 여길 것으로 선생한테는 생각되오? (349e)

전문 지식이 있는 의사라면, 다른 의사들과 같은 처방을 내릴 터.

남들을 능가해보겠다고 엉뚱한 처방을 내린다면, 제대로 된 의사가 아니죠.

소크라테스: 그러면 의술에 능한 사람은 어떻소? 이 사람은 (…) 의술에 능한 다른 사람이나 또는 그 처방에 대해 능가하고자 할 것으로 생각되나요? (350a)

요컨대 이런 도식이 성립합니다.

쩝.

전문 지식이 있는 실력자들끼리는 서로를 능가하려 들지 않고요,

- 같은 부류의 사람을 능가하려 들지 않음
- 전문 지식 있음
- 능력자

좋음

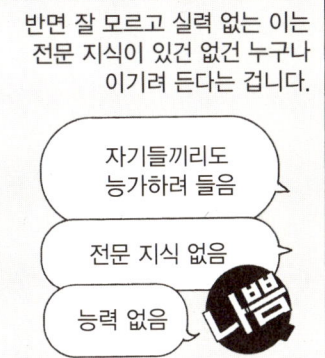

반면 잘 모르고 실력 없는 이는 전문 지식이 있건 없건 누구나 이기려 든다는 겁니다.

- 자기들끼리도 능가하려 듦
- 전문 지식 없음
- 능력 없음

나쁨

고전 읽기 | 힘은 곧 정의인가 † 313

소크라테스: 그럼 이렇게 말할까요? 올바른 사람은 저와 같은 사람에 대해서는 능가하려 하지 않으면서도, 같지 않은 사람(올바르지 않은 사람)에 대해서는 능가하려 하지만, 올바르지 못한 사람은 같은 사람(불의한 사람)에 대해서도 같지 않은 사람(올바른 사람)에 대해서도 능가하려 한다고 말이오. (349c–d)

소크라테스: 그렇지만 우리는 또한 올바르지 못함이 강력하다고도 말했소. (350d)

(…) 선생은 올바르지 못한 나라가 있어서, 이 나라가 다른 나라들을 부당하게 굴복하게 하여 예속화하려 시도하고, 실제로 그렇게 해서 많은 나라를 휘하에 속국화하여 가지고 있다고도 보오?
트라시마코스: 물론입니다. 그거야말로 (…) 가장 올바르지 못한 나라가 하게 될 일이죠. (351a–b)

소크라테스는 최소한의 정의 없이는 강력한 나라나 강력한 집단이 될 수 없다고 지적합니다.

정의란 게 아예 없으면 힘이고 뭐고 없단 말씀.

개인의 경우도 마찬가지라고요.

소크라테스 : 선생은 나라나 군대, 강도단이나 도둑의 무리, 또는 다른 어떤 집단이 올바르지 못하게 뭔가를 공동으로 도모할 경우에, 만약에 그들이 자기네끼리 서로에 대해 올바르지 못한 짓을 저지른다면, 그 일을 그들이 조금인들 수행해낼 수 있을 것을 생각하오? (…) 자기네끼리는 올바르지 못한 짓을 하지 않는다면 어떻겠소? 한결 더 잘해낼 수 있지 않겠소? (351c-d)

나아가 소크라테스는, 정의로운 사람은 결국 행복하다는 명제를 증명하고자 노력하는데요….

자, 이제부터 본론으로 들어갑니다.

소크라테스 : 올바른 이들이 올바르지 못한 자들보다도 또한 더 훌륭하게 살며 더 행복한가 하는 것 (…) 이제 이를 검토해봐야 하겠소. (…) 이 문제는 한층 더 잘 검토해보아야만 하오. 이 논의는 예사로운 것에 관한 것이 아니라, 어떤 생활 방식으로 살아가야 하는지에 대한 것이기 때문이오. (352d)

소크라테스 : 올바른 혼과 올바른 사람은 훌륭하게(잘) 살게 되겠지만, 올바르지 못한 사람은 잘못 살게 될 것이오.
트라시마코스 : 선생의 주장에 따르면 그렇게 되겠네요. (353e)

소크라테스 : 그러니까 올바른 사람은 행복하되, 올바르지 못한 사람은 불행하오.
트라시마코스 : 그렇다고 해두죠. (354a)

계속 반박만 당한 트라시마코스가 토론에 염증을 느낀데다가, 논증도 금방 끝나지 않지요….

《국가》 2권부터 10권까지가 전부 이 얘기라능!

내가 주인공이니 읽어보세용.

연표

김태권의 십자군 이야기 ①

1095년 11월 27일   교황 우르바누스 2세가 원정 계획을 발표하다.

1096년   유럽 각지에서 군중십자군이 일어나다. 이후 천 년간 계속될 서유럽 유대인 학살의 역사가 여기에서 시작한다. 은자 피에르가 이끄는 군중십자군이 니케아 근교에서 전멸.

김태권의 십자군 이야기 ②

1097년   1차 십자군의 대규모 침공. 니케아의 함락. 도릴레온에서의 결전. 안티오키아 포위.

1098년   에뎃사에 백작령 설치. 알렉시오스 1세와의 협약이 깨어지다. 안티오키아와 마라트안누만의 학살. 보에몽이 안티오키아를 무단으로 점거하고 공국을 설치하다.

1099년 6월 15일   예루살렘 함락과 대학살.

1100년   예루살렘의 권력을 둘러싼 음모와 암투. 예루살렘 왕국의 성립.

1101년   서유럽에서 온 1101년의 십자군이 전멸당하다. 이제 십자군은 소수의 병력으로 방어를 펼쳐야 한다.

1104년	하란 전투에서 무슬림의 승리. 보에몽의 몰락.
1107~8년	기상천외한 방법으로 탈출에 성공한 보에몽은 서유럽에서 새로운 군대를 조직하여 동방 비잔틴 제국을 침공한다. 두라초 공방전.

김태권의 십자군 이야기 ⑤

1109년	트리폴리 함락. 이로써 4개의 프랑크 식민국가가 형성된다 : 에뎃사 백작령(1097), 안티오키아 공국(1097), 예루살렘 왕국(1100), 트리폴리 백작령(1109).
1111년	바그다드에서의 대규모 시위. 민중은 십자군에 대한 반격을 요구한다.
1118년	템플러(성전 기사단)의 창립.
1119년 7월 28일	아제르 상귀니스(피의 들판) 전투. 안티오키아의 7천 기사가 전멸하다.
1125~6년	십자군에 대한 반격을 주도하던 이슬람 지도자들이 암살단 아사신에 의해 암살. 서방의 중동 지배가 기정사실로 보인다.
1127~8년	이슬람 지도자 장기, 모술과 알렙포를 장악하여 강력한 세력을 형성. 중동에 있던 십자군 식민국가에 큰 위협이 된다.

1130년	안티오키아의 알릭스 공주, 장기와 동맹을 맺고, 아버지 보두앵 2세에 대항하는 반란을 일으키다.
1131년	멜리장드 공주와 위그 드 퓌세의 염문설. 풀크는 예루살렘의 권력을 독점하려 든다. 예루살렘 왕국의 혼란과 위그의 죽음.
1132년	무슬림끼리의 내분에 휘말린 장기는 전투에 패하고 궁지에 몰리지만, 티크리트에서 아이유브와 시르쿠 형제의 도움으로 목숨을 구하다. 아이유브 가문이 역사의 무대에 등장하다.
1135년	다마스쿠스에서 주무르드 공주의 쿠데타. 자신의 아들을 살해하다.
1137~8년	프랑크 국가들과 동방 비잔틴 제국이 동맹을 맺고 샤이자르를 공격한다. 장기는 정치적, 군사적 수완을 발휘하여, 공격군을 물리치고 동맹을 와해시킨다.
1140년	다마스쿠스와 예루살렘 왕국의 동맹.
1144년	장기에 의한 에뎃사 백작령 국가(1097~1144)의 멸망. 십자군이 세운 가장 오래된 식민지가 무너지다.
1144~6년	이슬람에 대한 반격을 주장하며 제2차 십자군의 여론이 형성되다. 성 베르나르두스의 설교.
1145년	사제왕 요한(프레스터 존)에 대한 소문이 서유럽 세계에 널리 퍼지다. 프

레스터 존 전설에 따르면 멀리 동아시아(중국)의 기독교 군주인 사제왕 요한이 십자군을 돕기 위해 대규모의 병력을 이끌고 무슬림을 협공하러 오고 있다는 것이다.

1146년　　　2차 십자군의 침공을 앞둔 시점에서 장기가 어처구니없는 죽음을 맞다. 그 아들 누레딘(누르 앗 딘)의 권력 승계. 서유럽에서는 엘레오노르 왕비가 문화 부대를 이끌고 2차 십자군에 참전한다.

김태권의 십자군 이야기 ④

1152년　　　엘레오노르가 남편 루이 7세를 내치고 영국의 헨리 2세와 재혼한다. 훗날 백년전쟁의 씨앗이 된다.

1154년　　　누레딘, 다마스쿠스를 접수. 서방을 위협하는 강력한 세력을 형성.

1163년　　　쿠르드 전사 아이유브의 아들인 살라딘(살라흐 앗 딘)이 그의 숙부 시르쿠와 함께 누레딘의 명을 받아 이집트에 파견.

1174년　　　갈등을 빚던 주군 누레딘의 사망으로, 살라딘은 독자적 세력을 확장한다. 이후 1186년까지 이집트와 시리아 전역을 통일하여 서방 세력을 압도하는 무슬림 국가를 형성.

1187년　　　하틴 전투에서 살라딘의 승리. 예루살렘 왕국(1100~1187) 멸망.

김태권의 십자군 이야기 ⑤

1189년	예루살렘을 재정복하기 위한 3차 십자군. 그러나 바르바로사(붉은 수염)라는 별명을 가진 독일 황제 프리드리히 1세가 어이없이 사망하여 전력에 타격을 입는다.
1191년	아크레 전투. 엘레오노르가 헨리 2세와 재혼하여 낳은 아들인 사자심왕 리처드가 맹활약한다.
1192년	십자군 지휘부의 내분. 살라딘, 십자군과 화평조약.
1193년	살라딘 사망(55세). 아이유브 술탄국은 권력 승계를 둘러싼 내전으로 혼란.
1194년	사자심왕 리처드가 영국에 귀환하여 동생 존이 빼앗은 왕위를 되찾는다.

김태권의 십자군 이야기 ⑥

1204년	4차 십자군의 탈선. 4차 십자군은 베네치아와 결탁하여 콘스탄티노플을 함락, 약탈하고 서방의 괴뢰국가를 건설한다.
1209년	알비 십자군이 결성되어 시몬 드 몽포르의 지휘로 서유럽 내에서의 이단 사냥이 자행되다. 같은 해, 프란체스코가 이단 혐의를 받지 않고 교황청의 공인하에 수도회를 결성하다.

1212년	소년십자군의 참극.
1218~9년	우트라 사건으로 분노한 칭기즈 칸, 호라즘을 응징하기 위해 군사를 서방으로 돌리다. 훗날 중동과 유럽을 휩쓰는 몽골 서방 원정의 시작.
1218~21년	5차 십자군의 이집트 침공. 살라딘의 후계자인 알 카밀에게 격퇴당하다.
1221년	아시아의 다윗 왕에 대한 소문이 서유럽에 퍼지다. 프레스터 존 전설의 후속편이라고도 말할 수 있는 이 전설에 따르면 기독교 군주 다윗 왕이 무슬림을 무찌르며 서쪽으로 오고 있다는 것이다.
1227년	7~8개 국어에 능통한 시인이자 학자이기도 했던 서방 황제 프리드리히 2세가 십자군을 일으키라는 교황의 명령을 무시하여 파문.
1229년	프리드리히 2세가 평화 외교를 통해 알 카밀로부터 예루살렘을 넘겨받는다. 이때 데려간 병사들이 6차십자군이지만, 실제로는 전투 대신 대화가 있었을 뿐이다.
1239년	프리드리히 2세, 독일에서 군대를 일으켜 이탈리아의 교황을 공격한다.
1244년	예루살렘은 다시 무슬림의 손에 넘어간다.
1248년	성왕(聖王) 루이의 7차 십자군이 결성되다.

1250년	맘루크(노예 무관)들의 쿠데타. 정권을 장악한 맘루크들은 아이유브 가문의 술탄들보다 더욱 강력한 반서방 노선을 채택한다.
1258년	칭기즈 칸의 손자인 훌라구가 바그다드를 점령한 후 대학살을 저지른다.
1260년	아인 잘루트 전투에서 맘루크들이 몽골 기병대를 저지하다.
1261년	동방 비잔틴 제국의 망명정부가 콘스탄티노플을 수복하다. 라틴 제국(1204~1261)의 명망. 그러나 과거의 영화를 다시 찾을 수는 없었다.
1268년	술탄 바이바르스가 몽골과 손을 잡았던 안티오키아를 점령한 후 피비린내 나는 복수를 감행한다. 안티오키아 공국(1097~1268)의 멸망.
1270년	성왕 루이의 8차 십자군.
1289년	트리폴리 백작령(1109~1289)의 멸망.
1291년	아크레 수복. 이로써 200년에 걸친 서방의 식민 통치가 종식되다.

고대 '중동' 관련

'중동'이라는 이름을 써도 될지 모르겠다. 이 용어 자체가 너무나 서구 중심적이기 때문이다. 그러나 아직 공부가 부족하여, 필자는 마땅한 다른 이름을 찾지 못하였다. 다만 이 책에서는 '중동'이라고 작은따옴표를 붙이는 정도로, 독자님께 양해를 구하고 싶다.

《풍속으로 본 12인의 로마 황제》, 수에토니우스, 박광순 옮김, 풀빛미디어, 1998.
로마 사람 수에토니우스가 온갖 사료를 긁어모아 구성한 '황제 열전'. 수에토니우스는 당시 황실에 보관된 자료뿐 아니라 민간의 평판이나 소문까지도 가감 없이 기록하였는데, 사실 이 점이야말로 후세 사람이 정말 고마워해야 할 부분이 아닐까? 이런 점을 들어 풍속사나 가십에 가깝다며 수에토니우스를 얕잡아보는 일부 견해에 대해, 필자는 동의하지 못하겠다.

《아랍 詩의 세계》, 김능우, 명지출판사, 2004.
이 책의 1, 2, 3장에서 다루어진 이므룰 카이스의 시를 《김태권의 십자군 이야기》 2권에서 잠시 소개하였다. 이 책 15, 16장에 소개된 마흐무드 다르위시의 시를 《김태권의 십자군 이야기》에도 넣고 싶었으나 지면이 부족하여 다음으로 미루게 되었다. 아쉬울 따름이다.

《옛문명의 풀리지 않는 의문들》, 피터 제임스·닉 소프, 오성환 옮김, 까치, 2001.
책 제목만 보면 이 책은 오해받기 십상이다. 그러나 사실은, 폰 데니켄이나 핸콕 따위의 극단적인 문명전파설을 반박하기 위해, 고고학자들이 팔을 걷어붙이고 쓴 책. 매우 흥미진진하면서도, 풍부한 인용과 균형 잡힌 시각이 돋보인다. 가끔 이 책이 외계문명설 따위와 비슷한 대접을 당할 때마다, 필자는 마음이 아프다.

《아랍문화의 이해》, 공일주, 대한교과서, 2000.
재미있고 유익한 책. 기독교 신앙과 아랍 문화를 동시에 사랑하는, 전문가의 열린 시각이 돋보인다.

《알렉산드리아》, 만프레드 클라우스, 임미오 옮김, 생각의나무, 2004.
이른바 '헬레니즘 시대'에, 보통 사람들은 어떻게 살았을까 보여주는 책. 이런 좋은 책이 드문 이유는, '영웅' 나

부랭이의 삶보다, 민중의 삶이 재현하기 더 어렵기 때문일 것이다. 이 책은 풍부한 인용과 적절한 배치로, 이 쉽지 않은 구상을 실현하고 있다.

《역사》, 헤로도토스, 박광순 옮김, 범우사, 1987.
필자가 가장 좋아하는 책 가운데 하나. 이 책은 생각만큼 어렵지 않다. 어지간한 개론서를 읽는 것보다, 직접 헤로도토스의 매력과 감동에 푹 빠져보는 것을, 누구에게나 추천하고 싶다. 특히, 어떤 사건에 대한 여러 민족의 엇갈린 주장을 골고루 소개한 후, "그러므로 독자 여러분은 이 가운데 믿고 싶은 설을 골라서 믿으면 될 것이다"라고 능청스레 빠져나가는 헤로도토스의 태도는, '내셔널리즘의 폭발'이라는 아슬아슬한 요즘의 국제 정세에 뭔가 빛을 던져주는 것 같다.

《이란사》, 김정위 편저, 한국외국어대학교출판부, 2001.
《중동사》, 김정위, 대한교과서, 1995.
이 작업을 하며, 이란이라는 낯선 나라를 우리에게 소개하기 위해 노력하시는 김정위 선생님께 감사할 따름이다.

《이집트 문명과 예술》, 키릴 알드레드, 신복순 옮김, 대원사, 1998.
본문 도판이 흑백이라 아쉽지만, 이 책의 풍부한 내용은 컬러 사진보다 더 생생하게 고대 이집트의 생활상을 보여준다. 이집트 사람들이 어떻게 살았을까 궁금한 독자님은 14장을 먼저 보셔도 좋을 듯.

《임페리움 : 제국 — 권력의 오만과 몰락》, 한스 크리스티안 후프 외, 박종대 옮김, 말글빛냄, 2005.
독일 ZDF의 다큐멘터리를 국내에서 영상으로 접하기는 힘들지만, 가끔 이런저런 책으로 나와 우리를 즐겁게 한다. 추측이 지나친 대목도 있지만, 이 책은 고대 세계에 대한 새로운 시각을 제시하기 위해 시종일관 노력한다.

《펠로폰네소스 전쟁사》, 투키디데스, 박광순 옮김, 범우사, 2001.
두말이 필요 없는 고전 중의 고전. 격조 있는 역사 서술의 전범. '멜로스 대화'는 5권(두 권짜리 우리말 번역으로는 하권)에 실려 있다.

《그리스 미술》, 나이즐 스피비, 양정무 옮김, 한길아트, 2001.
공공 미술과 예술의 사회성이라는 관점에서, 그리스 미술의 역사를 정리한 책. 이 책에서 특히 재미있는 부분은, 카이사르가 헬레니즘 왕조의 조각품을 정치적 선전으로 사용한 일과, 나폴레옹이 '바이외 태피스트리' 전시회를 가진 일을 비교한 대목이다. 대단한 박식과 날카로운 통찰력이라는 두 마리 토끼를 모두 잡아버린 책.

《Persian Myths》, Vesta Sarkhosh Curtis, British Museum Press, 1993.
대영박물관이 펴낸 시리즈의 하나. 이란의 신화와 유물에 대한 믿을 만한 훌륭한 자료집이다. 〈들어가며〉의 '아스칸다르의 귀' 이야기와 그 해석은 여기서 따온 것이다.

《플루타르크 영웅전》, 플루타르코스, 외국어번역연구회 옮김, 한아름, 1994.

《플루타크 英雄傳》, 박시인 옮김, 을유문화사, 1966.
필자는 개인적으로 66년의 활판 인쇄판을 더 좋아한다. 틈만 나면 가까이 놓고 읽었던 책. 2권 〈들어가며〉에서 전거로 삼았다. 플루타르코스가 어린이용 필독서라는 일부 잘못된 인식이 슬슬 바뀌는 것 같아 반갑다.

《클레오파트라 : 인물로 읽는 세계사》, 토머스 후블러, 김기연 옮김, 대현출판사, 1993.
사실(史實)을 해치지 않으면서도, 가볍게 읽을 수 있는 재미있는 책.

《The Oxford Classical Dictionary》(3rd Ed.), Ed. by Simon Hornblower and Antony Spawforth, Oxford University Press, 1996.
고전기(古典期)의 모든 것! 필요한 부분을 찾아볼 때마다 그 알찬 내용과 균형 잡힌 시각에 깜짝 놀란다.

《세계 지도로 역사를 읽는다》, 타케미츠 마코토, 이정환 옮김, 황금가지, 2001.
야심 찬 기획, 유익한 내용. 세부 사실이 가끔 틀리기도 하여, 다른 책으로 보충해가며 읽어야 한다. 세계 역사를 간략하게 정리하기 좋은 책.

《키루스 2세 : 페르시아의 태양》, 기 라셰, 이원희 옮김, 소담출판사, 2000.
고고학자가 직접 쓴, 페르시아의 대왕 키로스의 전기 소설.

《그리스 文化史》, H. D. F. 키토, 김진경 옮김, 탐구당, 1992.
필자에게 라틴어를 가르쳐준 친구 L 선생이 언제인가 이 책을 두고 "이런 책 한 권 남길 수 있다면 성공한 인생이겠지"라고 말했는데, 필자 역시 공감한다. 20세기 고전. 그리스 고졸기와 고전기를 설명하는 최고의 책이다.

큰 판형으로 다시 출판되었다.
《페르시아 문화》, 신규섭, 살림, 2004.
우리 주변에서 좀처럼 구할 수 없는 정보를 담고 있는 알찬 책. 이란 측 관점이 너무 강조된 것이 아닐까 생각되는 부분도 가끔 있지만, 평소에 이란에 대해 너무 무지했던 필자로서는, 이 책을 읽으며 균형 감각을 찾는 데 도움을 받기도 하였다.
《고대이집트》, 기이메트 앙드뢰 외, 옥승혜 옮김, 창해, 2001.
《그리스와 로마 : 지중해의 라이벌》, 김덕수, 살림, 2004.
《서양문명과 인종주의》, 한국서양사학회 엮음, 지식산업사, 2002.
2권 〈들어가며〉에 백인 문명 기원설을 설명하면서, 강철구 선생의 논문에 의지하였다. 이 책 다른 부분들도 우리에게 많은 고민거리를 던져준다.
《칼릴라와 딤나》, 바이다바, 이븐 알 무캇파 아랍어 옮김, 이동은 옮김, 강, 1998.
이슬람권을 대표하는 우화집. 인도의 동물 우화들이 이란과 아랍에서 이슬람 사상에 맞게 번안되었다. 《천일야화》의 영향 탓인지 오리엔탈리즘의 여파인지 '중동'이라면 어딘지 도덕적으로 해이할 것 같은 이미지도 있지만, 이 책을 보면 이슬람 사회가 얼마나 윤리를 중요시하는지 알 수 있다. 다만, 가끔은 너무 교훈적이라 신나고 재미있는 이야기가 아쉽기도 하다.
《중동의 역사》, 버나드 루이스, 이희수 옮김, 까치, 1998.
일전에 어떤 책에서 버나드 루이스를 미국 네오콘과 묶어놓은 것을 보았다. 그러나 버나드 루이스의 글을 직접 읽어보면, 그렇게 간단히 이야기할 문제가 아님을 알게 된다. 정작 미국 네오콘에 가까운 것은 버나드 루이스보다도 한국 사회 일부의 경직된 시각이 아닐까.
《클레오파트라 : 파라오의 사랑과 야망》, 에디트 플라마리옹, 지현 옮김, 시공사, 2001.
디스커버리총서는 뒤에 실린 자료가 볼 만하다. 당시 유물 도판은 근사하지만, 제롬류(流)의 오리엔탈리즘 회화가 많이 수록되어, 좀 묘한 감정이 생기기도 한다.

《로마에서 중국까지》, 장노엘 로베르, 조성애 옮김, 이산, 1998.
이 책에서는 특히 파르티아, 팔미라와 알렉산드리아에 관한 부분을 참고하였다. 제노비아 여왕의 활약을 지면 부족으로 다루지 못해 아쉽다. 나중에라도 그려보고 싶다.

현대 사회 관련
《아부 알리, 죽지 마 : 이라크 전쟁의 기록》, 오수연, 향연, 2004.
2004년에 읽은 최고의 책. 마음을 흔드는 책이다. 오수연 작가님과의 인터뷰를 2권에 수록하려 하였으나, 여러 사정으로 연기되어 안타깝다.
《인종차별, 야만의 색깔들》, 타하르 벤 젤룬, 홍세화 옮김, 상형문자, 2004.
청소년을 위해 조목조목 알기 쉽게 인종주의를 논박한 책. 한국 사회도 이제 인종차별의 혐의에서 자유롭지 않다.
《테러리즘의 정신》, 장 보드리야르, 배영달 옮김, 동문선, 2003.
9·11에 대한 보드리야르의 기고문을 단행본으로 재구성. 균형 잡힌 관점을 견지하기 위해 애쓰는 보드리야르의 노력이 보인다.
《오리엔탈리즘의 역사》, 정진농, 살림, 2003.
이 책 전반에 오리엔탈리즘을 둘러싼 논쟁 지형이 일목요연 정리되어 있다. 다만 저자는 동양을 긍정적으로 보는 시각을 오리엔탈리즘과 구별하여 서술하고 있는데, 이것은 잘못된 것 같다.
《반미》, 김진웅, 살림, 2003.
제목이 주는 인상과는 달리, 매우 논리적이고 설득력 있는 책. 저자는 미국 패권주의의 밑바탕에, 경제적 동기가 있음을 지적한다. 이 책의 내용을 2권 곳곳에서 소개하고자 하였는데, 지면 부족으로 다루지 못해 아쉽다. 특히 다음과 같은 구절은 새겨읽을 만하다. "역사의 교훈에 의식적으로 눈을 감는 자들만이 제국의 추구에서 미덕을 발견할 수 있을 것이다."

《제국주의와 남성성 : 19세기 영국의 젠더 형성》, 박형지·설혜심, 아카넷, 2004.
제국주의, 인종주의, 남성우월주의 등이 모두 한통속이라는 것을 증명하는 책. 아울러 탈식민주의에 대한 최근 동향을 정리하고 있다. 이런 진지한 학술서가 나와준 것만으로도 너무 고맙다.

《전쟁을 위한 기도》, 마크 트웨인 글, 존 그로스 그림, 박웅희 옮김, 돌베개, 2003.
사상가와 투사로서 마크 트웨인의 진정한 면모를 보여주는 글. 사실, 하이네와 마크 트웨인처럼 한국 사회에서 오해받는 작가도 드물 것이다.

《20세기 중동을 움직인 50인》, 손주영 외, 가람기획, 2000.
이 책의 뒤표지에는 20세기 '중동'에서 가장 중요한 50사람의 명단이 있다. 필자는 이 책으로 짓궂은 실험을 해보았다. 친구들에게 이 50사람의 이름을 불러주고 이 가운데 몇 명을 알고 있나 세어본 것이다. 이 실험을 할 때마다 우리는 숙연해지곤 하였는데, 우리가 얼마나 우리의 이웃인 '중동'에 무관심한지 새삼 깨닫기 때문이다. 우리 역사를 몰라준다고 우리가 다른 나라 사람들을 얼마나 원망했던가. 그러나 정작 우리는 '중동'에 대해 무엇을 알고 있었던가? 그러니 독자 여러분께서도 이 책을 구해서 꼭 한 번 이 '부끄러운 실험'을 해보시길 바란다. 다만 50인 가운데 책이 나올 당시 '문제적 인물'이었던 몇은, 다시 쓰여야 할 것 같기도 하다.

《이란 '팔레비' 王政의 崩壞過程 硏究》, 김택곤, 서울대학교 정치학과, 1983.
1983년 석사 논문. '팔레비' 왕정의 몰락은 미국 외교 정책의 실패로 읽어낼 수 있다. 오늘날 이슬람권에서 미국이 비슷한 실수를 반복하는 건 아닌지? 원래 2권에서 미국 '중동' 정책과 로마의 '중동' 정책을 비교해보고 싶었는데, 지면 부족으로 다루지 못했다.

《이란 革命에 관한 硏究 : 혁명의 요인을 중심으로》, 진정효, 경남대학교 정치외교학과, 1985.
1985년 석사 논문. 미국의 비호를 받던 팔레비 왕정이 시민혁명으로 몰락하는 과정을 잘 보여주고 있다. 속지에 찍힌 '을종'이라는 도장은, 참으로 한심했던 80년대의 사상 통제를 증언한다.

《상황 V : 식민주의와 신식민주의》, 장 폴 사르트르, 박정자 옮김, 사계절, 1983.
파농과 어울리며 신식민주의에 대해 고민할 무렵의 사르트르의 글 모음. 힘 있는 글들은, "사르트르는 마치 볼 테르 같아서 후세에는 별로 읽혀지지 않을 것이라느니 하는 따위의 이야기들은 더 이상 사르트르에 대한 나의 존경의 념에 아무런 손상도 입히지 못한다"는 옮긴이의 말이 이 책의 가치를 보여준다.

《우리가 몰랐던 아시아》, 아시아네트워크, 한겨레출판, 2003.
인식의 지평을 넓혀주는, 정말 고마운 책이다. "우리는 아시아를 몰랐다. 아시아도 우리를 몰랐다. 결국, 아시아를 모르는 아시아는 하고한 날 깨졌다."(정문태) 반드시 읽어야 할 책으로 모든 분께 추천하고 싶다.

중세 서양 관련

《중세에 살기》, 자크 르 고프 외, 최애리 옮김, 동문선, 2000.
전문가들의 재치 있는 글로 읽어보는 '중세 체험'. 중세 생활의 시뮬레이션. 필자는 2권 본문을 구성하면서 특히 처형에 관한 부분을 참고했다.

《The Writings of Medieval Women : An Anthology》, translations and introductions by Marcelle Thiébaux, Garland Publishing, Inc., 1994.
의미 있는 기획의 앤솔러지.

《십자군전쟁 그것은 신의 뜻이었다!》, W. B. 바틀릿, 서미석 옮김, 한길사, 2004.
워낙 옛날에 나온 책이다 보니 관점도 간혹 아슬아슬하다. 십자군의 역사를 한 권으로 정리해놓아 보기 좋다.

《십자군 : 기사와 영웅들의 장대한 로맨스》, 토머스 F. 매든, 권영주 옮김, 루비박스, 2005.
지나치게 서구 중심적이고 우익적인 관점이 눈에 거슬리는 책. '나만 맞고 다른 저자들은 다 틀렸다'는 저자의 스타일은 당황스럽다. 역자의 성실함이 돋보이긴 하지만.

기타 고증을 위한 책

《풍자예술의 역사 : 고대와 중세의 패러디 이미지》, 샹플뢰리, 정진국 옮김, 까치, 2002.
고대와 중세의 캐리커처를 모아놓은 귀한 자료집. 고대와 중세를 그리는 만화가에게는 소중하기가 경전과도 같다. 원서는 1865년에 그 초판이 나왔다. 이런 책을 발굴하여 소개한 역자의 눈썰미에 감사.

《Romanesque : Architecture . Painting . Sculpture》, Ed. by Rolf Toman, Feierabend Verlag, 2002.

십자군전쟁이 한참이던 당시, 유럽에는 로마네스크 양식이 풍미하고 있었다. 오늘날 로마네스크는 고딕과 르네상스에 묻혀 덜 주목받기 십상이다. 그러나 풍부한 도판과 설명이 돋보이는 이 책을 본다면, 누구라도 로마네스크의 아름다움에 감탄하지 않을 수 없으리라.

《Costume 1066—1966》, John Peacock, Thames and Hudson, 1966.

《Handbook of English Medieval Costume》, C. Willet and Phillis Cunnington, Faber and Faber Ltd., 1969.

중세 영국 복식을 시시콜콜한 부분까지 고증해놓은 책. 이런 책이 꾸준히 출판되는 영국의 상황이 부럽다.

《Costume of the Classical World》, Marion Sichel, Chelsea House Publisher, 1980.

제목에는 고전기(Classical)라고 되어 있지만, 실제로는 고대 여러 지역의 복식을 보기 편하게 정리해놓았다. 편리하게 이용할 수 있는 책.

《Byzantine 복식에 관한 硏究》, 장현춘, 홍익대학교 산업미술대학원, 1983.

1983년 석사 논문. 주변에서 쉽게 구하지 못할, 동로마 제국의 복식에 대한 귀한 자료 모음.

《敗戰分析》, T. N. Dupuy, 최종호·정길현 옮김, 삼우사, 2000.

군사학 서적. 이 책 앞부분 소개된 웰링턴 공작의 전쟁론을 본문 중에 인용하였다.

《벽화로 보는 이집트 신화》, 멜리사 리틀필드 애플게이트, 최용훈 옮김, 정규영 감수, 해바라기, 2001.

신비주의에 빠진 저자의 글에는 동의하기 어렵다. 다만 아름다운 도판이 정성껏 모아져 있어서 좋다.

《로마의 하층민 : 검투사. 매춘부. 도시빈민. 소작인》, 임웅, 한울, 2004.

매우 생생하다. 당시 로마 보통 사람들의 생활을, 풍부한 문헌에 기초하여 재구성하고 있다. 이제 우리 사회도 로마의 '영웅' 말고 평범한 사람에 대해 이야기해야 하지 않을까. "영웅을 필요로 하는 민족(국민)은 불행한 사람들"이라는 타리크 알리의 말을 새겨들으면 좋겠다.

《한국가톨릭대사전》, 한국가톨릭대사전 편찬위원회, 한국교회사연구소, 1999.
참 오래 기다려 다음 권을 받아본 대사전. 방대한 내용이다.
《이슬람 : 라이프 인간세계사》, 타임라이프 북스, 1981.
《古代그리이스 : 라이프 인간세계사》, 타임라이프 북스, 1981.
《古代이집트 : 라이프 인간세계사》, 타임라이프 북스, 1981.
《로마 帝國 : 라이프 인간세계사》, 타임라이프 북스, 1981.
《信仰時代 : 라이프 인간세계사》, 타임라이프 북스, 1981.
《蠻族의 侵入 : 라이프 인간세계사》, 타임라이프 북스, 1981.
《비잔티움 : 라이프 인간세계사》, 타임라이프 북스, 1981.
《메소포타미아 : 라이프 인간세계사》, 타임라이프 북스, 1981.
《바이킹의 역사 : 고대 북유럽》, 타임라이프 세계사, 이종인 옮김, 가람기획, 2004.
《기사도의 시대 : 중세 유럽》, 타임라이프 세계사, 김옥진 옮김, 가람기획, 2004.
《예언자의 땅 : 이슬람》, 타임라이프 세계사, 고형지 옮김, 가람기획, 2004.
타임라이프에서 나온 책들. 풍부한 도판을 얻을 수 있어서, 만화가에게는 금맥이나 다름없다. 헌책방에서나 구할 수 있지만, 필자는 옛날 시리즈를 더 선호한다. 아무래도 시골 음식처럼 더 대담한 맛이 있다.
《가르강튀아. 팡타그뤼엘》, 프랑수아 라블레, 유석호 옮김, 문학과지성사, 2004.
쉬지 않고 감탄하면서 고전 중의 고전 《팡타그뤼엘》을 읽었다. 라블레의 반영웅주의는 오늘날의 기준으로 보아도 깜짝 놀랄 만한 것이다.
《팡타그뤼엘》 제30장의 '악마들과 지옥에 떨어진 자들의 소식에 관해서' 대목을 보면, "이 세상에서 대귀족이었던 사람들은 저세상에서 (…) 불쌍하고 초라한 삶을 살아가게 마련"이라고 한다. 《김태권의 십자군 이야기》 2권에 등장하는 '영웅'들은, 저승에서 과연 어떤 생활을 하고 있는가. 고드프루아는 도미노 제조인, 옥타비아누스는 폐지 수집인, 클레오파트라는 양파 장수, 카이사르와 폼페이우스는 배 바닥에 역청 칠하는 인부, 셀레우코스 왕조의 안티오코스는 굴뚝 소제부, 알렉산드로스는 신발 수선공, 크세르크세스는 겨자 장수, 캄비세스는 노새 몰이꾼이 되었단다. 특히 키로스는 양파를 팔러 왔다가 (이승에서는 가난뱅이였던) 철학자들에게 금화 한 닢을 적선 받고 감격했지만, "그곳에 있던 알렉산드로스와 다레이오스같이 전에 왕 노릇을 했던 다른 거지들이 밤에 그것을 훔쳐 가버렸다"는 것이다.

이 이야기를 듣고 깨달은 바 있는 팡타그뤼엘과 친구들은, 이웃 나라의 왕을 붙잡아다가, "저세상에서 온갖 악마들을 만나게 될 때 숙련된 기술을 미리 갖도록 하기 위해서" 초록 소스를 팔러 다니는 장사꾼으로 만들어버린다!

《The Bayeux Tapestry》, David M. Wilson, Thames and Hudson, 1985.
《김태권의 십자군 이야기》 2권의 주요 화면은 바이외 태피스트리를 기초로 구성되었다. 그러므로 바이외 태피스트리를 컬러 사진으로 찍어서 묶은 이 책이야말로, 어떤 의미에서는 《김태권의 십자군 이야기》 2권의 원본이라고도 할 수 있으리라. 태피스트리의 실밥 하나하나까지 확인할 수 있는 선명한 도판은, 생생한 감동을 전한다.

《The Bayeux Tapestry : A History and Description》, Frank Rede Fowke, G. Bell & Sons, Ltd., 1913.
청소년을 위한 설명이 붙은, 바이외 태피스트리의 흑백 사진집. 20세기 초의 고서(古書)에서는 참 좋은 향기가 난다. 어떤 사연을 거쳐 21세기 서울의 대학 도서관에 꽂혀 있는 걸까?

《김태권의 십자군 이야기》 1권에 이어 2권에서도 참고한 책들
《The Alexiad》, Anna Comnena, translated by E. R. A. Sewter, Penguin Books, 1969.
《The First Crusade : The Chronicle of Fulcher of Chartres and Other Source Materials》, Ed. by Edward Peters, University of Pennsylvania Press, 1998.
《The Crusades》, Zoé Oldenbourg, translated by Anne Carter, Pantheon Books, 1966.
《A History of The Crusades I》, Steven Runciman, Cambridge University Press, 1951.
《아랍인의 눈으로 본 십자군 전쟁》, 아민 말루프, 김미선 옮김, 아침이슬, 2002.

《서양 중세 문명》, 자크 르 고프, 유희수 옮김, 문학과지성사, 1992.

《로마 공화정 연구》, 허승일 외, 서울대학교출판부, 2000.

《서양 문명의 역사 II : 중세에서 종교개혁까지》, E. M. 번즈 외, 박상익 옮김, 소나무, 1994.

《로마제국 쇠망사 10》, 에드워드 기번, 中野好之·김영진 옮김, 대광서림, 1994.

《터키史》, 이희수, 대한교과서, 2000.

《Byzantium and the Crusader States 1096~1204》, Ralph-Johannes Lilie, translated by J. C. Morris and Jean E. Ridings, Oxford University Press, 1993.

《비잔티움 제국사 324~1453》, 게오르크 오스트로고르스키, 한정숙·김경연 옮김, 까치, 1999.

《서양중세의 삶과 생활》, 로베르 들로르, 김동섭 옮김, 새미, 1999.

《비잔틴 제국의 역사》, 워렌 트레드골드, 박광순 옮김, 가람기획, 2003.

《중세의 소외집단 : 섹스. 일탈. 저주》, 제프리 리처즈, 유희수·조명동 옮김, 느티나무, 2003.

《중세의 빛과 그림자》, 페르디난트 자입트, 차용구 옮김, 까치, 2000.

《이슬람》, 이희수·이원삼 외, 청아출판사, 2001.

《전쟁의 역사 1권》, 버나드 로 몽고메리, 승영조 옮김, 책세상, 1997.

《이슬람》, 카렌 암스트롱, 장병옥 옮김, 을유문화사, 2003.

《Medieval Warfare Source Book : Christian Europe and its Neighbours》, David Nicolle, 1996.

《세계의 역사 (고대편·중세편)》, 소련과학아카데미 엮음, 편집부 옮김, 형성사, 1989.

《세계사 수첩 上》, 동독사회과학아카데미중앙역사연구소 편찬, 김정환 옮김, 민맥, 1990.

《종횡무진 동로마사》, 존 J. 노리치, 남경태·이동진 옮김, 그린비, 2000.

《비잔틴 제국 : 동방의 새로운 로마》, 미셸 카플란, 노대명 옮김, 시공사, 1998.

《십자군 전쟁 : 성전 탈환의 시나리오》, 조르주 타트, 안정미 옮김, 시공사, 1998.

《이슬람문명》, 정수일, 창비, 2002.

《유라시아 유목제국사》, 르네 그루세, 김호동·유원수·정재훈 옮김, 사계절, 1998.
《예루살렘》, 토마스 이디노풀로스, 이동진 옮김, 그린비, 2002.
《중세의 세계》, 프리드리히 헤르, 김기찬 옮김, 현대지성사, 1997.
《중세의 전설》, 세이바인 베어링 구드, 이길상 옮김, 현대지성사, 1997.
《전사와 농민》, 조르주 뒤비, 최생렬 옮김, 동문선, 1999.
《케임브리지 이슬람사》, 프랜시스 로빈슨 외, 손주영 외 옮김, 시공사, 2002.
《이슬람 미술》, 조너선 블룸·셰일라 블레어, 강주헌 옮김, 한길아트, 2003.
《The Cartoon History of the Universe III : From the Rise of Arabia to the Renaissance》, Larry Gonick, W. W. Norton & Company, 2002.
《Historical Atlas of the Medieval World : AD 600~1492》, John Haywood, Barnes & Noble Books, 2002.
《Islamic Designs》, Eva Wilson, Dover, 1998.
《Historic Costume in Pictures》, Braun & Schneider, Dover, 1975.
《Costumes of the Greeks and Romans》, Thomas Hope, Dover, 1962.
《팔레스타인》, 조 사코, 함유진 옮김, 글논그림밭, 2002.
《20세기의 문명과 야만》, 이삼성, 한길사, 1998.
《폭격의 역사》, 스벤 린드크비스트, 김남섭 옮김, 한겨레출판, 2003.
《성전, 문명충돌의 역사》, 자크 G. 루엘랑, 김연실 옮김, 한길사, 2003.